NPO法人ファザーリング・ジャパン 著

パパの子育て応援BOOK

The New Dad Childcare Guide Book

PIE International

はじめに

　私が父親になった27年前にこのような「父親向けのガイド本」はありませんでした。でも出産と授乳以外はできるはずだ、と自分で考え動きました。その結果、3人の子宝にも恵まれたのです。ファザーリング・ジャパンは「パパになったらOS（意識）を入れ替えよう！」と一貫してパパたちに発信してきました（笑ってるパパになるための6か条の1）。父親になる世代はどうしても仕事の責任やキャリアUPが気になるときでもあるので、ワークとライフのバランスのとり方を伝えたかったのです。

　でも今や令和のパパたちは、子どもが生まれてくる前に既に父親OSの最新版をインストール（搭載）している気がします。しかしながら本を読んで事前にイメージしても、実際にやってみると、育児や家事では教科書通りにはいかないことも多くあります。細かいことや面倒な日々の作業もあるでしょう。自分もそうでしたが、子どもの急な発熱など「ワークとライフに確実な明日はない」と痛感する日もあると思います。そんなときは少し肩のチカラを抜いて、優先順位を考える、パートナーとよく話し合うことが肝要です。そのやり方も本書で伝えています。

　パパ友もつくりましょう。困ったり、悩んだりしたとき、ネットで検索したり本をひもといたりするのもいいですが、地域や職場に「笑っているパパ」がいたら、「パパ友」になって悩みや喜びを分かち合いましょう。育休についても会社の先輩に訊くのがベター。大手企業では男性の育休（産後パパ育休）も当たり前になってきました。

「笑っている父親」とは、大きな羅針盤を心に持つということです。子どもはよく見ています。羅針盤を持ったパパがいると子どもは安心します。子どもたちのために、笑っているパパで居続けてください。きっと子育てが終わったころ「やってよかった」と実感する日が待っています。「子育てどうしよう？」ではなく、子育てを通じて「自分自身はどんな人生を送りたいのか？」。本書を読みながら、子どもの寝顔を見ながら、考えてみませんか？

NPO法人ファザーリング・ジャパン代表　安藤　哲也

「**子育ては期間限定**」－2018年に第1子が誕生し、同年、NPO法人ファザーリング・ジャパン（FJ）の講演に行った時に、代表の安藤哲也さんが言っていた言葉です。今も、強く自分の中に刻み込まれ、今後も私の心を揺さぶる言葉です。

人生100年時代と言われる現代、「子育て」に携わる時間は一体どのくらいなのでしょうか。私自身、妻と支え合いながら、5歳と2歳の子どもたちと毎日楽しく、ワイワイしながら生活を送っていますが、子どもとお風呂に一緒に入る、布団で一緒に寝る、一緒にご飯を食べるなど、今は当たり前にやっていることが、子どもの成長とともに、少なくなってくるのかなと思っています。だからこそ、「**期間限定の子育て**」を毎日毎日、楽しもうと決めています。

「期間限定の子育てを楽しもう」「笑っているパパでいよう」。FJ代表の安藤さんが伝えてくれたように、私も今、講座やセミナーでパパたちに伝えていますし、これからも多くのパパに伝えていきたいです。

さらに子育ては時代と共に少しずつ変化しています。そんな〝メッセージ〟を込めて、FJメンバーとともに執筆しました。

赤ちゃんや子どものお世話も大切ですが、それ以上に**「パートナーとの対話・時間の共有」**も大切であるというメッセージも、この本には込められています。育児・家事・仕事と日々多くのことに対応しているパパのみなさんだと思いますが、そのことはいつも心にとめておいてください。

そして、この本がこれからパパになる人、今子育てをしているパパなど、多くの方の一助になることを切に願っております。

NPO法人ファザーリング・ジャパン　野崎　聡司

NPO法人ファザーリング・ジャパン

2006年に設立されたパパ団体。北海道から沖縄まで会員がいる。「よい父親」ではなく「笑っている父親」を増やすことをミッションとして活動し、さまざまな事業を展開している、ソーシャル・ビジネス・プロジェクト。
https://fathering.jp/

野﨑聡司 ｜ ファザーリング・ジャパン多摩支部代表

ファザーリング・スクール クラスリーダー、一般社団法人Pop LifeWorks 理事、パパママ子育て応援部Hiタッチ！！代表。

2018年の第1子の出産を機に、NPO法人ファザーリング・ジャパンに入会。そして、2020年にファザーリング・ジャパン多摩支部を立ち上げ、代表就任。

2018年第1子、2021年第2子誕生の際、いずれも約10カ月間の育休を取得した2児のパパ。子育て支援・働き方改革支援の講師として、文京区、江戸川区、三鷹市、立川市、横浜市、千葉市をはじめ、様々な自治体や企業にて研修講師を務め、「パパ同士の繋がり」「親同士の繋がり」の機会創出や「夫婦のパートナーシップ」の再確認・再発見などを大切にした講演を行っている。
また、社会に出る前の大学生や若い世代向けに「結婚・出産・子育て・家族」などのライフイベントの観点から、キャリアを考える講演も行っている。

●メディア掲載
読売新聞ほか。

高祖常子 ｜ 子育てアドバイザー／キャリアコンサルタント

NPO法人ファザーリング・ジャパン副代表理事、NPO法人タイガーマスク基金代表理事、NPO法人児童虐待防止全国ネットワーク理事ほか。
資格は保育士、幼稚園教諭２種、心理学検定1級、キャリアコンサルタントほか。
Yahoo!ニュース・エキスパートコメンテーター。3児の母。

株式会社リクルートで編集にたずさわったのち、育児情報誌「miku」（全都道府県で13万部発行）編集長に就任し14年間活躍。「幼児期までの子どもの育ち部会」委員（こども家庭庁2023年〜）ほか、国や行政の委員を歴任。編集、執筆、全国で講演を行っている。テレビ出演や新聞等へのコメント多数。

●著書および編著
『どう乗り越える?小学生の壁』（風鳴舎）、『感情的にならない子育て』（かんき出版）、『男の子にきびしいしつけは必要ありません』（KADOKAWA）、『新しいパパの教科書』（学研）、『ママの仕事復帰のために　パパも会社も知っておきたい46のアイディア』（労働調査会）ほか。

https://www.tokiko-koso.com/

もくじ

第1章 「育児は人それぞれ」と思いながら苦しいイマドキ子育て世代 …… 9

1 令和の子育てと父親の育児にまつわる課題 …… 10
2 家族の姿の変化 …… 14
3 パパの産後うつ …… 18
4 「子育てを楽しむ想い」を大切に …… 22

COLUMN パパ友を作ろう! …… 24

第2章 妊娠・産後は「夫婦のパートナーシップ」のスタートダッシュ期だ …… 27

1 産後に大きく変わる妻の愛情 …… 28
2 「共感」と「話し合い」の心掛け …… 30
3 夫婦関係がhappyになるコツ …… 34
4 産後、パパにしてほしいこと～ママのリアルを知ろう～ …… 38

第3章 妊娠・出産前のパパのための基礎知識 …… 43

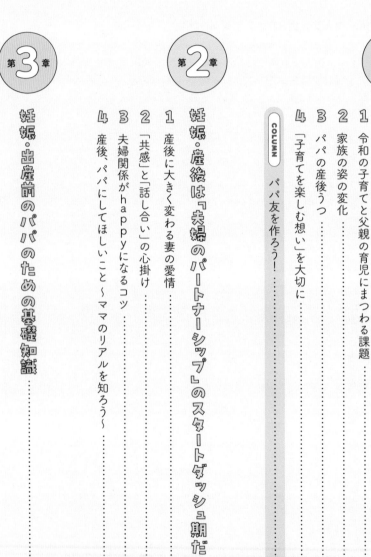

1 妊娠出産のイメージと現実 44
2 産前産後におけるママのカラダとココロの変化 50
3 産後に向けた育休取得を考える 60
4 男性育休の現状 63
5 妊娠中・出産前の期間こそ「共感・話し合い」が大切 70

第4章 産後の育児・家事の現実を知る

産後の育児・家事の現実を知る 77
1 育児のポイント 78
2 赤ちゃんとの遊び 108
3 料理を楽しもう♪ 114
4 子どもの事故を防ぐために 120
赤ちゃんの事故防止のポイント 121
5 離乳食・食事 122
6 子どもの成長・発達と病気 126
7 乳幼児健診や予防接種 128
8 出産後の体制 130
9 働き方と手続き 136

第5章
新米パパの子育てホンネトーク～先輩パパも悩みながらも進んできた！～……143
1 パートナーへの悩み系のホンネ……144
2 パートナーへのポジティブ系のホンネ……146
3 子どもとの遊び方……148
休日の過ごし方 晴れの日バージョン……152
休日の過ごし方 雨の日バージョン……155
体を使った遊び……158
4 保育園入園は家族のライフステージ！……161
第6章
「子育ては期間限定」、パパ自身の人生を楽しもう！……165
1 パパの人生を楽しくする〝パパ友とのネットワーク〟……166
2 子育てを通じて、パパ自身はどうなりたい？……168
3 パートナーの希望や願望を話し合ってる？……170
4 子育てを終えた約20年後、パートナーとどうなっていたい？……172
本文中に掲載している図、表の備考……174

第1章

「育児は人それぞれ」と思いながら苦しいイマドキ子育て世代

第1章 1

令和の子育てと父親の育児にまつわる課題

育児は夫婦で一緒があたりまえ! 令和の子育て

父親も主体的に育児ができるように、国が2010年にイクメンプロジェクトをはじめ、様々な政策を立ち上げて10年以上が経ちました。社会の中で父親育児の機運が徐々に高まり、更に令和の時代に入ると、育児・介護休業法の改正（育休制度についてはp60で詳しく解説しています）もあり、父親の育児休業取得率がアップし、育児に関わりやすくなることで、育児を夫婦で協力して行うことが当たり前の時代になってきました。

共働き世帯数も増加し続けています。内閣府の調査（2022年）によると、今や共働き世帯数は全体の7割を超え、片働き世帯数は全体の2割台に。その差は年々開いています。

父親の働き方が変わり、家事・育児時間が増加すると、これまで母親に偏っていた無償労働（家事関連）時間が減少し、母親が働くことへのハードルが下がり、働き続けやすくなります。

女性が働くことへの意識が高まることで、結婚や出産を機に仕事をやめなくても良いという選択肢が生まれ、キャリアへの意識や労働生産性が向上します。さらに、男女間賃金格差の解消にもつながっていくでしょう。

女性が希望するライフコースにも変化があります。国立社会保障・人口問題研究所の調査によると、両立コース（結婚し、子どもを持つが、仕事も続ける）と再就職コース（結婚あるいは出産の機会にいったん退職し、子育て後に再び仕事を持つ）はここ数年で逆転し、両立コースの希望が増加しています。

こうした背景には、働き続けるための両立支援策の充実に加え、長く続く所得の伸

〈図〉共働き世帯数と片働き世帯数の推移（妻が64歳以下の世帯）

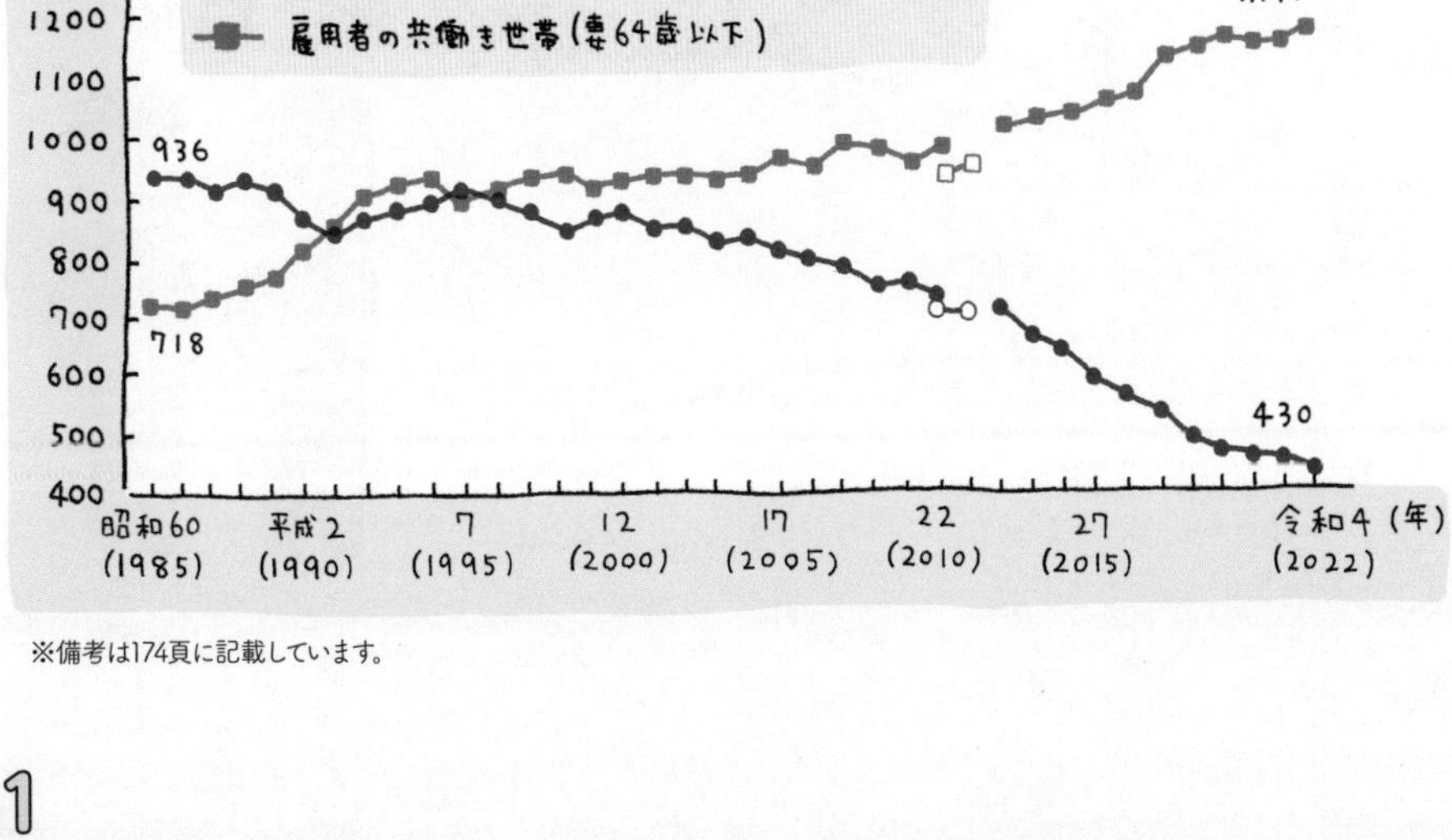

※備考は174頁に記載しています。

び悩みや近年の物価高騰などが家計を圧迫し、夫婦で家計を担う必要があることも大きな要因にあげられます。「産休や育休を取得し復帰する」、「子育てを理由にいったん退職し再度就業する」、いずれを選んだとしても、子どもが巣立つまでに、有償労働と子育てを夫婦で担う世帯は増えています。**お互いの希望を尊重し、応援し合い、支え合うことが「令和子育て」のスタンダード**になっています。

「女性が働き続けること」自体は、以前ほど困難ではなくなってきています。女性の就業率が結婚・出産期に低下し、育児が落ち着いた時期に再び上昇することは、就業率のグラフの形から「M字カーブ」と言われてきました。近年は、このグラフの形が「M字」から「台形」に近づき、女性の就業率は、

〈図〉女性の理想ライフコース

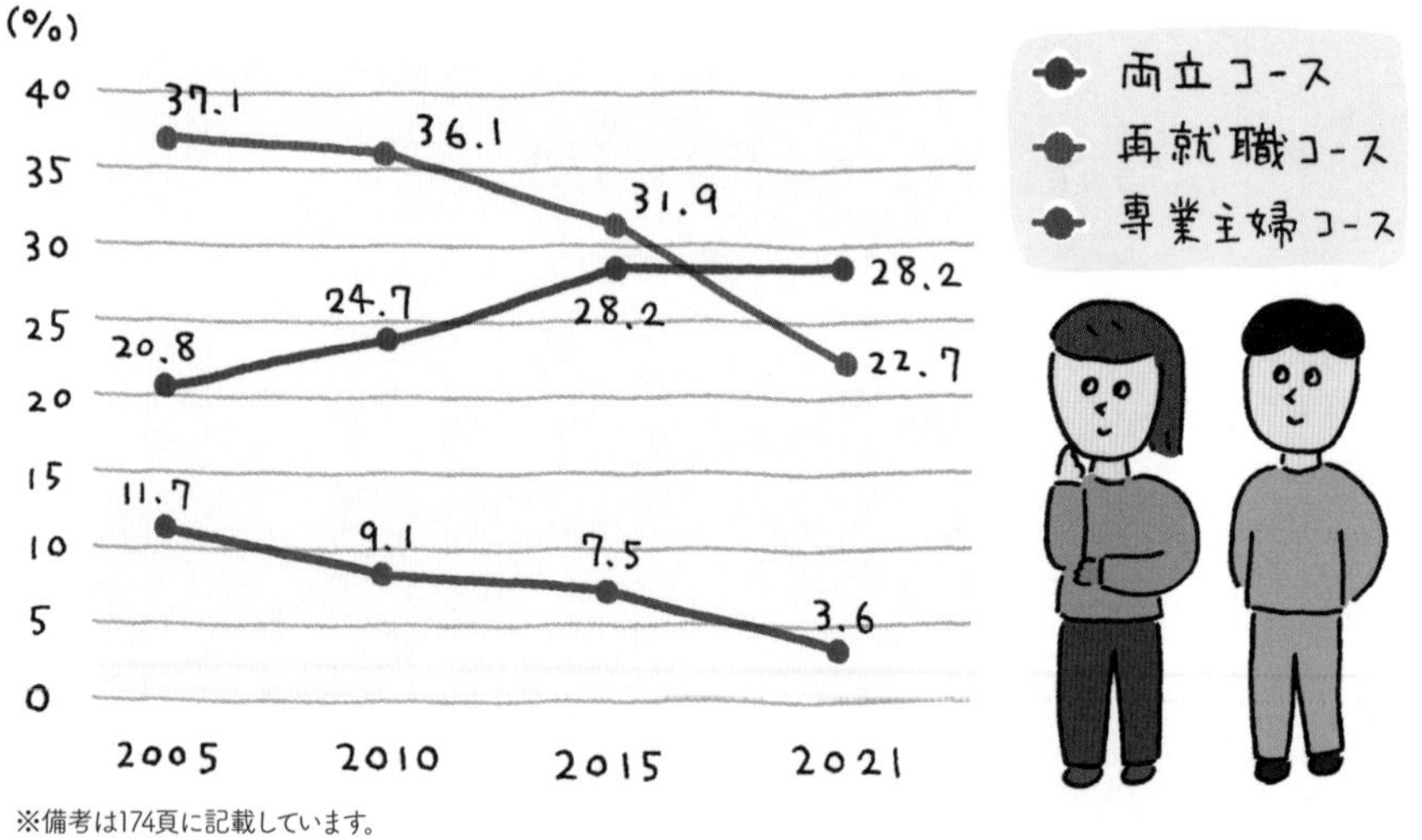

※備考は174頁に記載しています。

結婚・出産を経ても低下しなくなっています。

代わって今課題になっているのは、女性の正規雇用率を示した「L字カーブ」です。女性の正規雇用比率が結婚・出産期に低下し、上昇せずL字を描いていることから、そう呼ばれています。

「M字カーブ」は解消したものの、母親の子育て負担は依然高く、収入を得る必要はありつつも、子育て時間の確保・責任ある立場での仕事にハードルの高さを感じることで、正規雇用として働き続けることが難しい状況があるといえます。

だからこそ、パパの積極的な家事・育児が大切なのです。

〈図〉女性の年齢階級別正規雇用比率（令和4（2022）年）

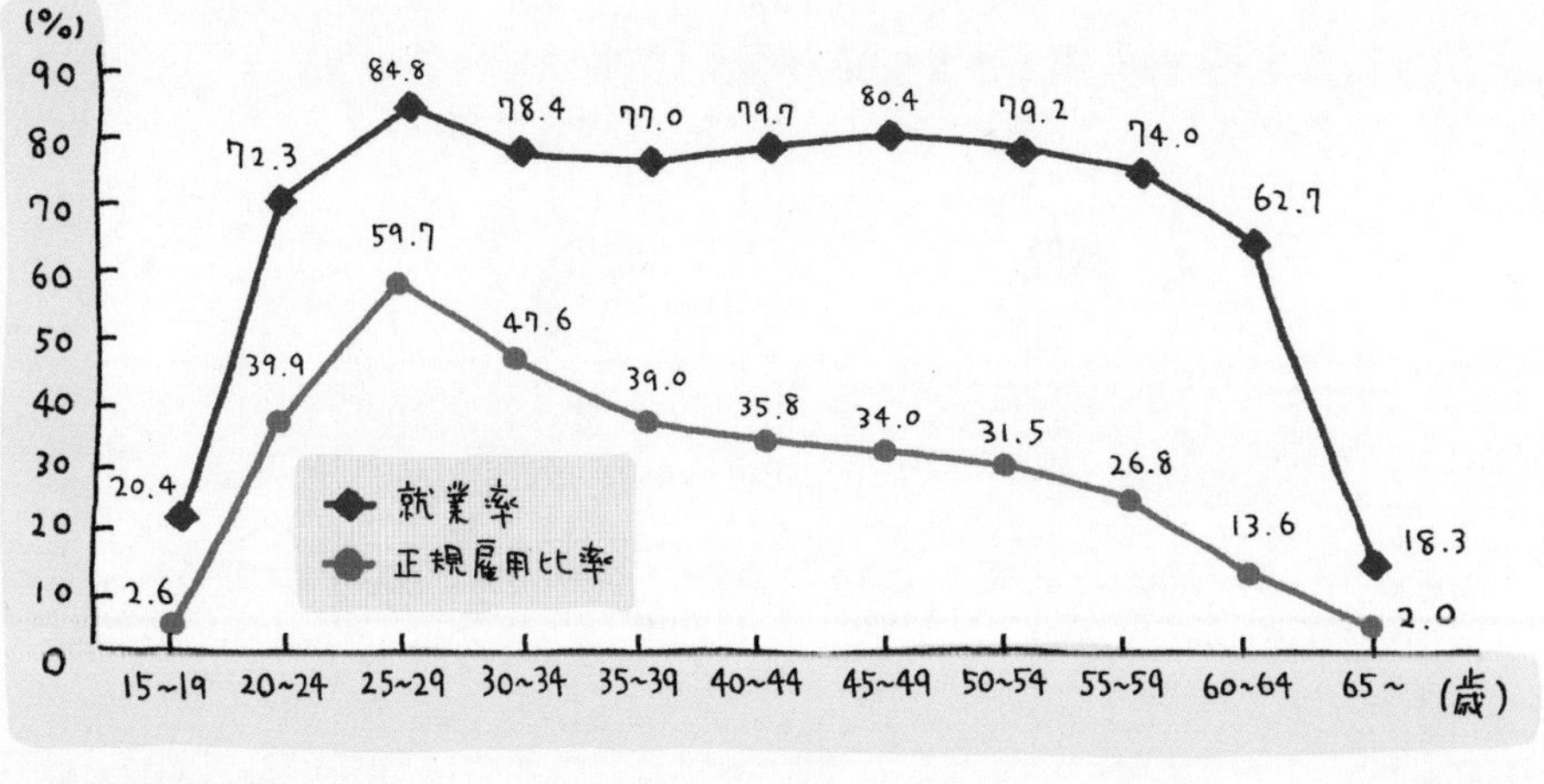

※備考は174頁に記載しています。

父親の家事・育児時間の確保

父親も子育てすることが当たり前の時代になりました。とはいえ、父親の家事・育児時間と母親の家事・育児時間を比べると、その差は歴然です。総務省の調査によると、2021年の母親の育児時間は父親の育児時間と比べると、約4倍。家事時間を比べると約6倍もあります。

この20年、父親の家事・育児時間は少しずつですが、確実に増加しています。例えば、園の送り迎え。朝の登園時に子どもたちと手をつないで楽しそうに歩く父親の姿をよく見かけるようになりまし

〈図〉6歳未満の子供を持つ夫・妻の家事関連時間の推移
(2001年～2021年)－週全体、夫婦と子供の世帯

(時間.分)

	夫					妻				
	2001年	2006年	2011年	2016年	2021年	2001年	2006年	2011年	2016年	2021年
家事関連	0.48	1.00	1.07	1.23	1.54	7.41	7.27	7.41	7.34	7.28
家事	0.07	0.10	0.12	0.17	**0.30**	3.53	3.35	3.35	3.07	**2.58**
介護・看護	0.01	0.01	0.00	0.01	0.01	0.03	0.03	0.03	0.06	0.03
育児	0.25	0.33	0.39	0.49	**1.05**	3.03	3.09	3.22	3.45	**3.54**
買い物	0.15	0.16	0.16	0.16	0.18	0.42	0.40	0.41	0.36	0.33

出典：総務省統計局「令和3年社会生活基本調査 生活時間及び生活行動に関する結果 結果の要約」

た。園の懇談会や保育参加、あるいは、子育て施設を利用する父親の姿も見かけます。街中には、子どものオムツ替えができるスペースが増え、男性トイレにもベビーキープが付き、父子のおでかけもしやすくなりました。

また、これまで自治体が出産前の母親（プレママ）向けに行っていたカリキュラム、いわゆる「母親学級」も、父親が参加しやすいように、「両親学級」という名前に変わったところも増えています。ファザーリング・ジャパンでも自治体と協働で両親学級を行っています。

では、こうした1日あたりの家事・育児時間を国際比較した場合はどうでしょうか？

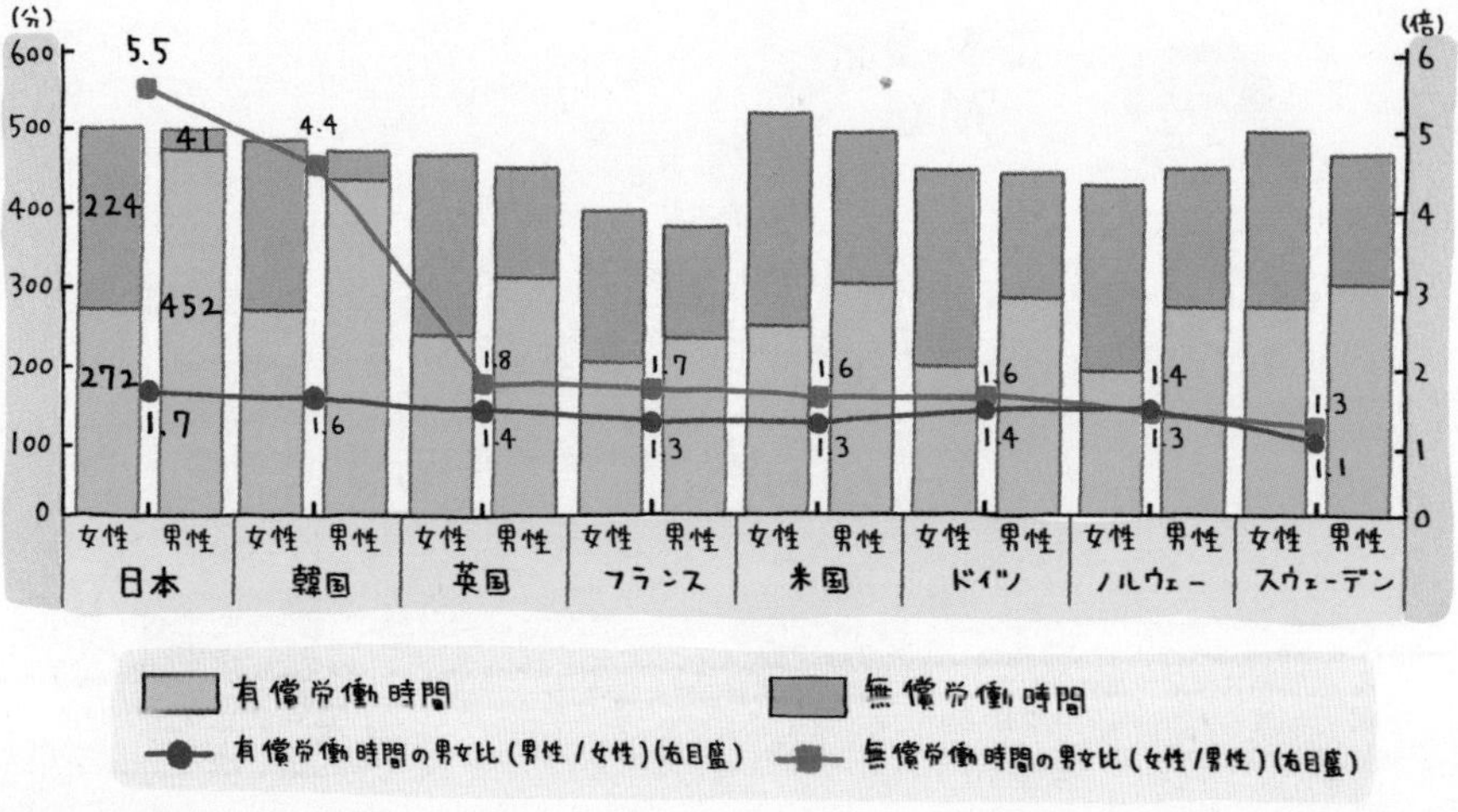

※備考は174頁に記載しています。

国の調査によると、日本は他の国にくらべ、有償労働時間が長いことがわかります。日本の父親の家事・育児時間は他の国と比べても極端に短く、他の国では父親の家事・育児時間は135分～170分とかなり差があることがわかります。

日本では、仕事も忙しく、家事・育児時間を確保することに難しさを感じている方も多いのではないでしょうか？　国立成育医療研究センターの分析（2022年）によると、父親の家事・育児時間を『150分』確保するためには、仕事関連時間を『9・5時間以内』にする必要があると発表されています。

家事・育児時間を増やしたいと感じている場合には、その前に、テレワークの導入も

〈図〉仕事のある日　1日のスケジュール例

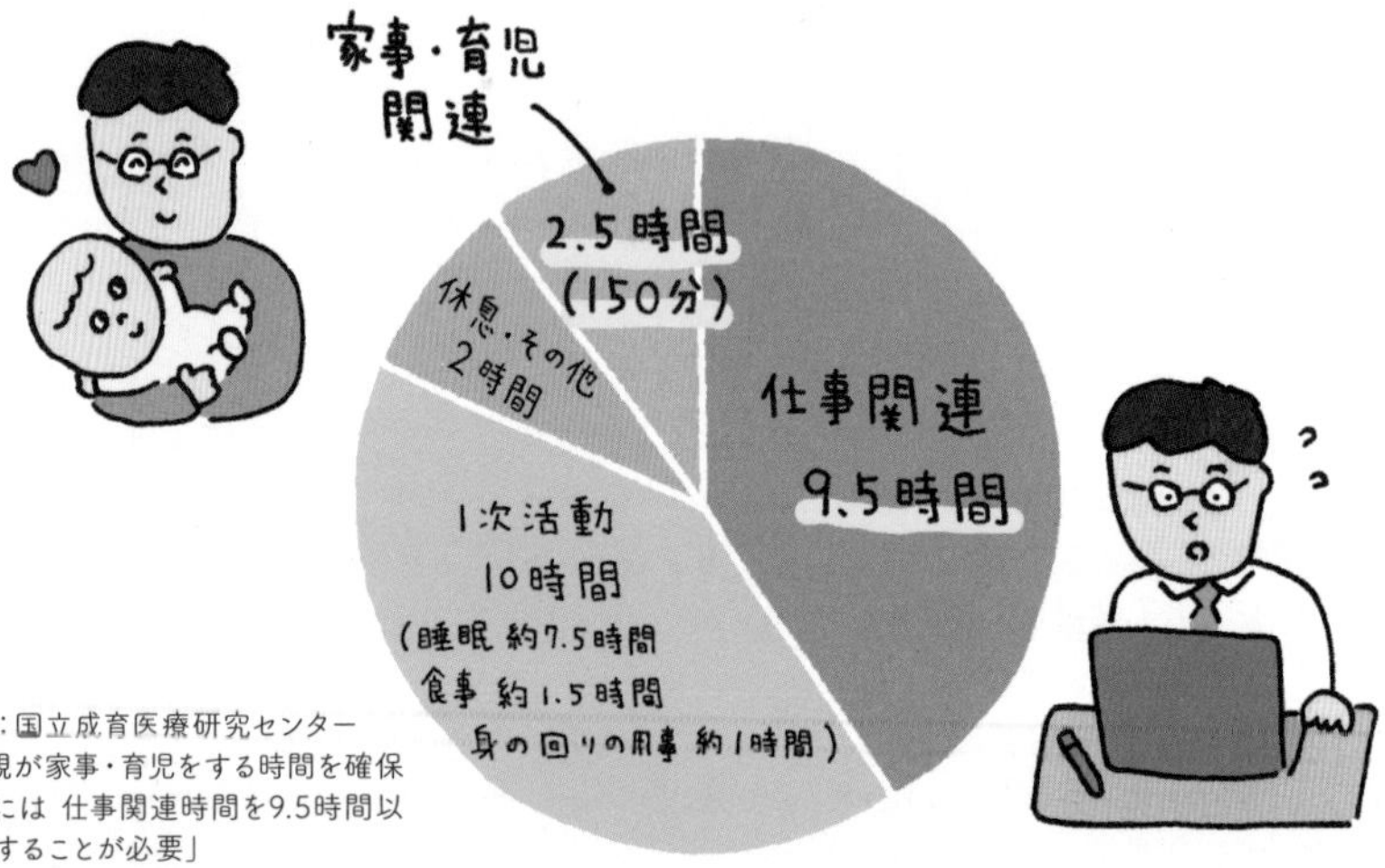

出典：国立成育医療研究センター
「父親が家事・育児をする時間を確保するには 仕事関連時間を9.5時間以内にすることが必要」
※備考は175頁に記載しています。

必要でしょう。すでに導入している場合はその活用時間の増加、残業時間の朝方シフトなど、働き方を見直すことも必要かもしれません。

一方で、仕事や移動中の隙間時間を活用し、育児に関わることができるケースもあります。最近、少しずつですが、デジタル化が進み、小学校や幼稚園、保育園の連絡事項がアプリ（スマートフォンで使用するアプリケーション）で配信されるケースが増えてきました。これまで、多くの施設では紙のプリントを配布し、帰宅後に子どもが持ち帰ったプリントに目を通して連絡事項の内容確認を行っていましたが、連絡事項がアプリで配信されれば、園からの連絡事項、イベントの出欠、夫婦のスケジュール調整等も隙間時間に行うことができるようになります。

パパの産後うつ

出産のない父親の「産後うつ」

子育てをしていると、楽しいときや大変なとき、時には大笑いしたり、悲しくなったり、怒りたくなるときだってあります。そして、辛いことも。

特に0歳児の子育ては大変です。一日に何枚もオムツを替えて、泣くたびに抱っこして、授乳もあり、夜泣きもあり、寝不足で心も体も本当に疲れてしまいます。今、母親の10人に1人が子育てを頑張りすぎたり、疲れ切ってしまったり、頼れる人がいなかったり、話し相手がいなかったり等、様々な原因で「産後うつ」(産後うつについてはp64で詳しく解説しています)になってしまうケースがあります。そして、実は父親も産後うつになってしまうことがわかってきました。

国立成育医療研究センターが2020年に発表した調査〈図〉によると、産後1年間で精神的な不調(=産後うつ)と判定された父親は11.0%で母親とほぼ同じ水準であることが報告されています。

妊娠・出産は母親のこと、というイメージの中で、父親の不調が見過ごされた可能性があります。父親にも、子どもが産まれる前の不安や、産前産後のパートナーを支えながら仕事をすること、仕事への影響、職場の理解を得ることなど多くの不安があります。

夫婦で子育てすることが当たり前になった「令和の子育て」。育児休業取得率が伸び、家事・育児時間が増加し、父親が子育てに積極的になる中、仕事も家事・育児も一生懸命にやりすぎてしまい、心に不調をきたしてしまうケースがあるということです。特に母親と同じように、子育てで頼れる人がいなかったり、相談相手がいなかったり、子どもを通じた地域のつながりがなかったりすることが父親を孤立させ

〈図〉生後1歳未満の子どもを育てる夫婦における、中程度以上のメンタルヘルスの不調のリスクありと判定された父・母・世帯の割合

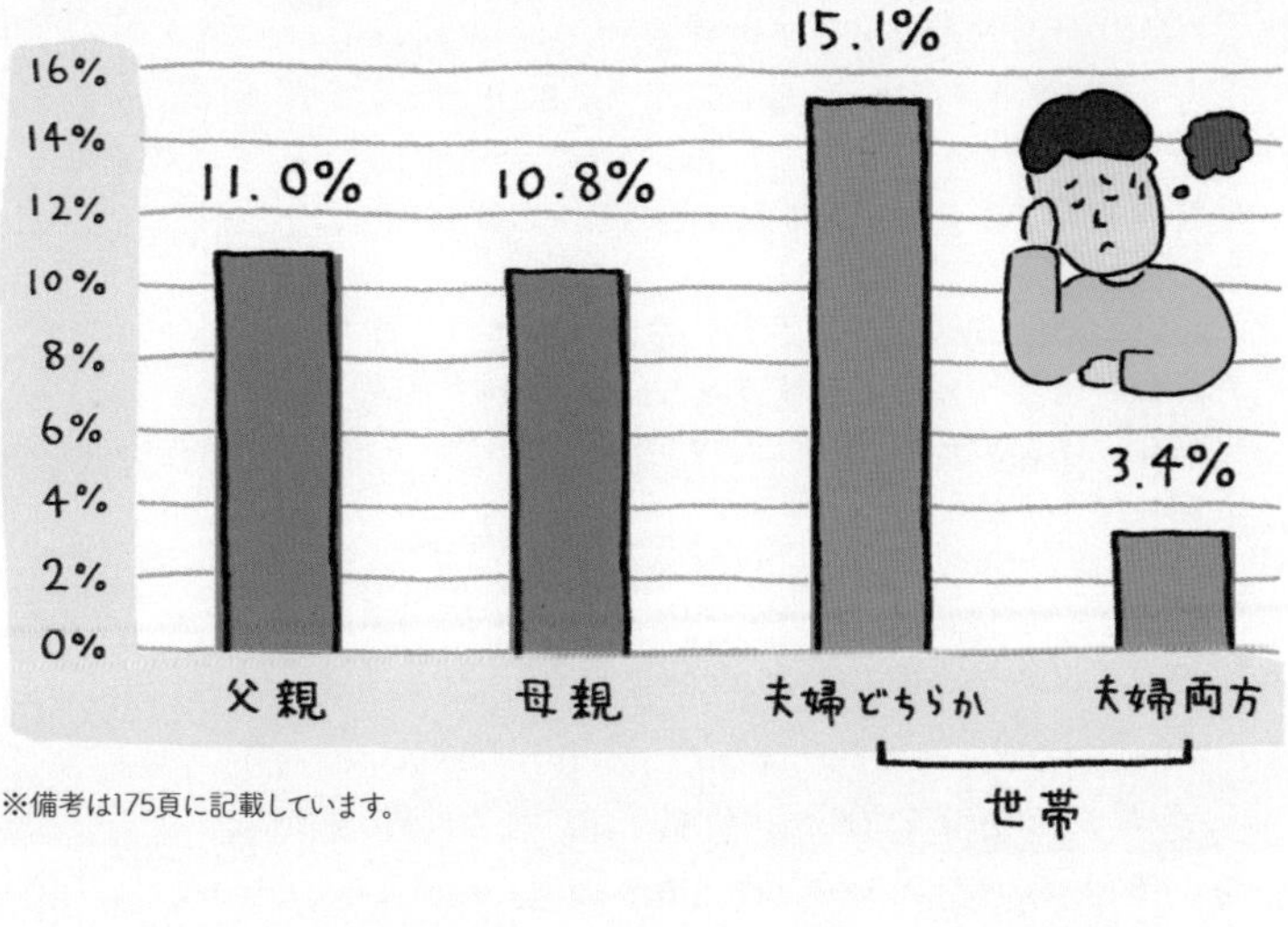

※備考は175頁に記載しています。

成育医療等の提供に関する施策の総合的な推進に関する基本的な方針 （一部抜粋）

父親の孤立

出産や育児への父親の積極的な関わりにより、母親の精神的な安定をもたらすことが期待される一方、父親の産後うつが課題となっている。母親を支えるという役割が期待される父親についても、支援される立場にあり、父親も含めて出産や育児に関する相談支援の対象とするなど、父親の孤立を防ぐ対策を講ずることが急務である。母親に限らず、父親を含め身近な養育者への支援も必要であることについて、社会全体で理解を深めていくことが必要である。

子育てやこどもを育てる家庭への支援

・国、地方公共団体のみならず、地域、学校や企業等も含め、地域社会全体でこどもの健やかな成長を見守り育む地域づくりを推進し、成育医療等におけるソーシャルキャピタルの醸成の推進につなげる。特に、働きながら子育てする女性とそのこどもの健康支援のための取組を推進する。

・孤立した子育てによって虐待につながることのないよう、地域の身近な場所で、乳幼児のいる子育て中の親子の交流等を実施する地域子育て支援拠点事業等の利用を推進し地域での見守り体制を強化する。

・妊婦と父親になる男性が共に、産前・産後の女性の心身の変化を含めた妊娠・出産への理解を深め、共に子育てに取り組めるよう、地方公共団体における両親共に参加しやすい日時設定等に配慮した両親学級等の取組を推進する。

・男性の産後うつ等に対して子育て経験のある男性によるピアサポートの実施等、出産や子育てに悩む父親に対する支援を推進する。

出典：こども家庭庁「成育医療等の提供に関する施策の総合的な推進に関する基本的な方針」

ます。

では、こうした父親に対して、どうすれば産後うつの予防ができるのでしょうか？　2021年2月に成育基本法の規定に基づいた「成育医療等の提供に関する施策の総合的な推進に関する基本的な方針」が政府により閣議決定されました。

そこには、父親も子育て支援の対象であることが明記されました。

子育て支援といえば、母親だけということではなく、父親も子育ての支援を受けても良いのです。地域の子育て支援施設の利用はもちろんのこと、行政の窓口の利活用や保健師への相談など、地域には支援を受けることができる場所や窓口が多くあります。他にも、子どもの通う園で先生へ相談することもできますし、子育て中の父親同士の育児情報の交換もできます。子育てを通し、たくさんのつながりを得ることで子育てがもっとやりやすくなるはずです。

ファザーリング・ジャパンでも会員同士、子育ての話で情報交換する場や子育てのコミュニティを持っています。ぜひ、地域でそんなコミュニティを探してみてください。

「子育てを楽しむ想い」を大切に

夫婦ともに柔軟に「変え続ける」覚悟をもつ

　ここまで、父親の子育てを取り巻く令和の社会状況を見てきました。働く、子育てする、ということだけでも大変なのに、働きながら子育てすることは更に難しく感じることもあるかもしれません。また、子育て世帯と一口にいっても、夫婦それぞれの就労状況や勤務形態、祖父母や親族によるサポートの有無、夫婦それぞれの仕事と子育てに対する価値観などによって、「家族のカタチ」はそれぞれ違います。

　ほかの家庭と比べたり、「現状は変えられない」と考えず、夫婦それぞれの仕事の繁忙状況、夫婦の健康状態、子どもの心身の状態等をその時々で考慮し、夫婦とも柔軟に「変え続ける」覚悟をもつことです。夫婦で、仕事や子育ての状況を共有したり、価値観について対話をしながら、**我が家ならではの「家族のカタチ」**を作り上げ、変え続けていくことが大切です。

　子どもはあっという間に大きくなっていきます。子育てをしていると、自分自身の子どもの頃の大切な思い出と結びついて温かい気持ちになったり、子どもがいなければ決して経験できなかったような経験ができたり、出会うこともなかったであろう人と出会うことができます。そういった機会は人生をより豊かにしてくれると言っても過言ではないのではないでしょうか。また何より、かけがえのない子どもの成長を見逃してしまうのはとてももったいないことです。

ファザーリング・ジャパンでは**『子育ては期間限定のプロジェクトX』**というメッセージを発信しています。人生100年時代、子どもと一緒に過ごせる期間には限りがあり、後回しにすることはできません。子育てを楽しむことができる今の時間と、純粋に子育てを楽しもうという想いを大切にしてみませんか。

1年間に生まれる子どもの数は、令和に入り、急激に減少しています。子育て経験のある人が社会から減っていることにより、親子に向けられる目が、10年前と比較しても、より厳しいものとなっているように感じることがあります。子育て期間は、年齢的に、仕事上での昇進や昇格のタイミングと重なることが多いです。「しっかりやらないといけない」と思うあまり、つい仕事も子育ても頑張りすぎてしまうことがあります。頑張りすぎてしまうと、疲れて心の余裕が少なくなり、子どものことでついイライラし、いつもは気にならないことが気になり、子どもやパートナーにつらく当たってしまうようなことが起きるかもしれません。

子育てしながら働くことは大変で、多少なりとも無理をしたり、踏ん張ることは避けられないでしょう。ただ、そんな時、もっと肩の力を抜き、心の余白を持つことを心がけてみることが大切です。「しっかりしている父親」よりも、**心の余白を持つ「笑っている父親」**を目指してほしいのです。

つながりは、そのパパにとって、子育てを豊かにしてくれるものになりました。

父親の知り合いを増やすには、やはり子育てひろばに行くことが一番だと思います。そして、父親学級（パパ講座）では、学びながら、父親同士で話をする機会もあり、パパ友のつながりを得やすい場だと思います。地域で父親学級を開催していたら、ぜひ、参加してみてください。

私たち、ファザーリング・ジャパンでもオンラインの父親学級を開催しています。子育て中の父親が、周りの子育てする父親と気軽に話せる機会を得ることができず、みんなどうしているのだろうと気になったり、これでいいのかと不安があったり、子育てでさまざまなモヤモヤを抱える中、気軽に父親同士でつながる機会をオンラインで提供しています。

ファザーリング・スクールでは、子育てのことを学ぶだけではなく、父親同士が子育てのことを話し合い、共感し合うことで、気持ちが前向きになり、つながり合うことで、みんな同じように悩んでいるんだなと共有することができ、リラックスした中で笑い合って、スクールが修了したあとも、そのグループでつながり続けることができます。

クラス名	対象	内容
妊娠・出産前クラス	ママが妊娠中のパパ	産前産後の知識 妻のサポート
乳児期クラス	0~1歳児の子を持つパパ	子どもとの向き合い方 夫婦のパートナーシップ
イヤイヤ期クラス	2~4歳児の子を持つパパ	イヤイヤ期の関り方 保育士からのアドバイス
思春期クラス	思春期の子を持つパパ	思春期って何？ 不登校、自立、受験、就職
家族経営クラス	パパ	夫婦お互いのことを知ろう 夫婦のギクシャク期 お互いのやりたいを叶えたい 家族レジリエンス

<図>ファザーリング・スクールの対象と内容（2023年度）

また、子育て中の先輩パパ（ピアサポーター）がいることで、子育ての経験談が聞け、これからの子育ての見通しや、更に仕事と家事育児の両立、夫婦のパートナーシップや自分時間の確保などについても、多くのヒントを得る機会にもなっています。

（ファザーリング・スクール校長・池田浩久）

「パパ友」を作ろう！

子育てひろば（子育て支援センター・子育て支援拠点・児童館・園庭開放など）に行くと、同じような子育て中のパパたちと出会うことができます。子育てひろばは、地域で子育てをしている保護者や子どもたちが楽しく過ごせるよう、様々な工夫がされています。もし、なかなかきっかけが作れないときは、父親同士で話せる場に参加してみてください。おすすめは父親学級（パパ講座）です。

あるパパは第1子が1～2歳の頃、家族3人で子育てひろばへよく遊びに行きました。いろんなイベントに参加し、子育て講座を受け、ひろばで遊び、何より、子どもが楽しそうに遊んでいて、平和に過ごせることが一番でした。

子育てひろばへ行くようになったきっかけは、地域の父親学級（パパ講座）に参加したことです。そこでは、同じような子育て中の父親が集まり、父親の子育てについて多くのことを学び、また、パパ同士でたくさん話をしました。みんなそれぞれ、困っていたり、悩んだり、失敗したり一緒なんだと思った記憶があります。そこで知り合った同じ地域に住むパパたちと子育てひろばで会うようになりました。安全で、子どもも親も楽しめる環境である子育てひろばが一番過ごしやすかったとのことです。

その後、連絡を取り合うようになり、子育てひろばだけでなく、父子同士で公園へ行って遊んだり、一緒にランチしたり、家族会も行いました。いつの間にか、パパ友の輪が広がっていき、グループになりました。子どもも友達がたくさんできて、遊んで、時にケンカして、子どもたち同士で話し合い、影響し合い、みんなで一緒に成長しているような楽しさがあったとのこと。パパ友がいることで、自分だけでなく、子どもにとっても話せる大人が増えていき、父親同士の

育児体験談

妻が脳内離婚していたことも!?

森島孝さん（男の子17歳、男の子14歳）

僕は、最初から積極的に子育てをしていたわけではありません。変わったきっかけは、自分が病気になり長期で仕事を休んだことでした。家族との時間が増えたのに、子どもも妻もよそよそしい態度で、家族のために頑張っていたつもりが、一体何のための家族なんだろうと。後で知ったことですが、妻は、僕を夫として見ないように「脳内離婚」をして、気持ちを落ち着かせていたとのことでした。

そこからはマインドチェンジ。育児や家事にあてる時間はもちろんのこと、妻への愛情表現やスキンシップなど、これまでとは全く別人のような行動を心がけました。最初は戸惑っていた妻も、僕の態度が変わったことで、徐々にコミュニケーションも増え、結果、子どもとの関係もとても良くなりました。

子育てを通じて実感しているのは、人生が豊かになったこと。パパ友ができ、地域の仲間も増え、また、子どもたちの世界に触れられ、それを一緒に楽しむことができる。子育てを通じて知ることもたくさんありました。

よく先輩パパから「子育ての真価が問われるのは、子どもが思春期になってから」と言われていました。現在、我が家の子どもたちも思春期真っ盛り。腹が立つことも多いですが、家での会話もとても多く、青春のお裾分けをもらっています。子育てしてきてよかったなーと感じています。

第2章

妊娠・産後は「夫婦のパートナーシップ」のスタートダッシュ期だ

産後に大きく変わる妻の愛情

非協力的な言動は離婚危機をもたらすかも

渥美由喜さんの調査(東レ経営研究所　2002年)によると、出産後、女性の愛情は子どもに向かい、夫に対する愛情は薄れてしまうそうです。しかし、夫が乳幼児期までの子育てにしっかり関わることで、次第に妻からの愛情は回復します。逆に、育児に関わらないと愛情は低迷し続けます。「将来、夫と離婚しようと考えることがあるか」という設問に対し「ある」と答えた人の割合を見ると、愛情低迷グループの潜在的熟年離婚リスク(72%)は、愛情回復グループ(0.4%)の実に180倍にもなります。パパの育児・家事は将来の離婚防止のリスクヘッジでもあるのです。

産後のパパの関わり方について以下のポイントを参考にしてみてください。

❶**肉体的・感情的な変化**:出産後、ママは体調の変化やホルモンバランスの影響を受けることがあります(P56)。これにより、感情が不安定になることがあります。優しさと理解を示し、感情の波を支えるサポートをすることが大切です。

❷育児・家事の負担：新生児のケアや家事の負担が増えることが多いです。この負担を共有し、協力することで、ママのストレスを軽減し、愛情を深めることができます。

❸時間と配慮：産後のママには時間が必要。さらにママのメンタルへの配慮を心がけましょう。赤ちゃんの世話に加えて、ママ自身のケアやリラックスの時間も大切です。これに理解を示し、サポートしましょう。

❹コミュニケーション：夫婦関係を強化するために、オープンで健全なコミュニケーションが不可欠です。ママの気持ちやニーズを尊重し、共感し、共有することが、愛情を深める一助となります。

女性の愛情曲線

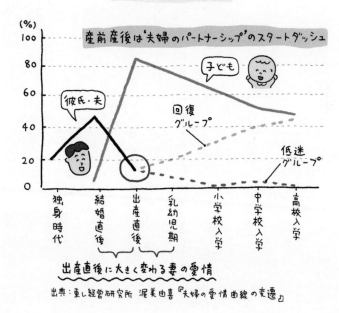

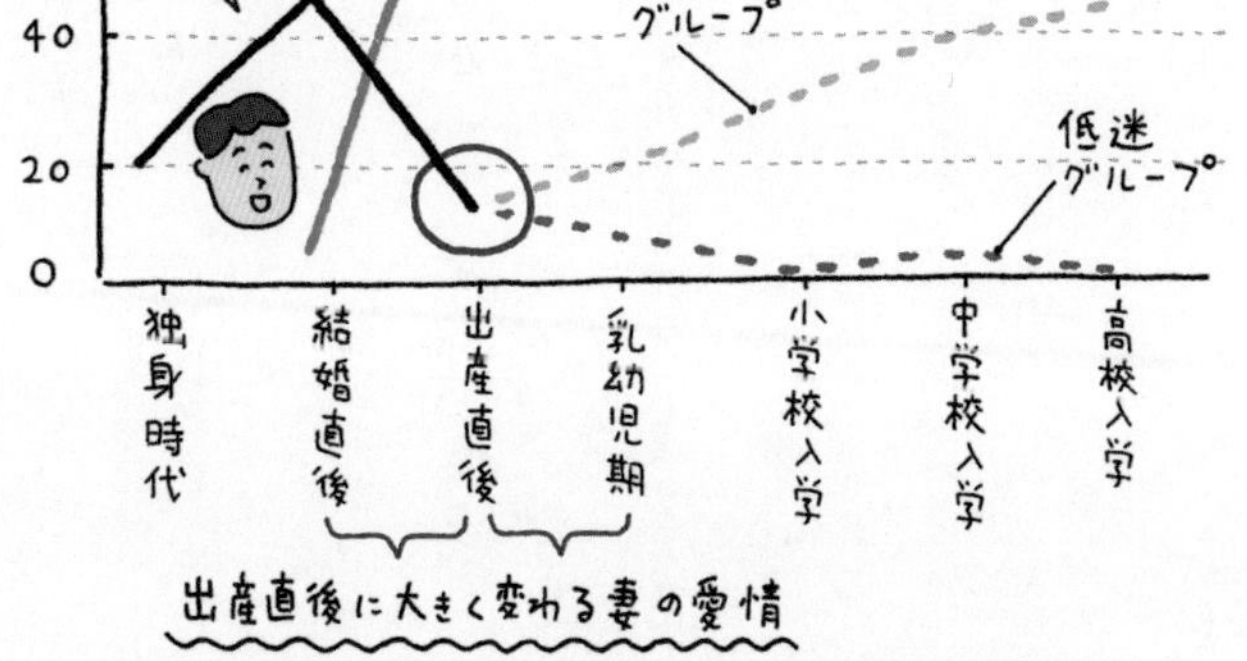

出典：東レ経営研究所　渥美由喜『夫婦の愛情曲線の変遷』

2

「共感」と「話し合い」の心掛け

夫婦円満の秘訣は「よく会話する」こと！

明治安田生命が11月22日の「いい夫婦の日」にちなんで、夫婦をテーマにしたアンケート調査を行った結果（2023年）では、夫婦円満のために必要なことを聞くと、「よく会話する」がトップになっています。「夫婦仲が円満」と回答した人の会話時間は、平日でも2時間以上（145分）ある一方、「夫婦仲が円満でない」人は41分と、100分以上の大きな差がありました。

会話にも、雑談、議論、対話といろいろあります。これらの違いはどんなことでしょうか。雑談は「今日の天気は晴れみたいだよ」や、「テレビで○○のニュースをしてたけど見た？」といった思いつくまま話す他愛のない話です。ご飯を食べるときや家で顔を合わせたときに雑談することも大切ですね。

次に夫婦で何かを決めるための話し合いが、対話ではなく議論になっていないでしょうか。議論とは、「お互いに自分の意見を述べて戦わせること」という意味で、自分の意見を主張し合い相手を納得させようとすることを言います。対話とは、お互いの考えの違いをわかり合おうとするものです。

対話をする目的は、パートナーと意見や考えを話し合って共有したり、お互いを理解することで発見をすることです。そのためには自由な雰囲気の中で、感情的にならず、冷静に真剣に話し合うことが大切です。結論をまとめようとせずに、多様な視点から新しい考えや意見を出す。そのようなやり取りをすると、自らの経験を語り合いながら、夫婦が納得のいく形で合意形成ができるようになるでしょう。

パートナーの話に耳を傾け（傾聴）、相手の考えの背景に対しても興味関心をもって、質問することで理解が深まります。自分の主張を一方的に通そうとするのではなく、逆に、相手の主張に妥協する訳でもなく、お互いの考えを掛け合わせると、新たな発想やアイディアに行き着くこともあります。

パートナーの感情に共感する心掛けとは

夫婦関係を円滑にするためには、お互いの感情に寄り添うことが重要です。そのためには相手の感情を理解し、受け入れることです。例えば、パートナーが喜んでいるときには「良かったね」、悲しんでいるときには「辛いね」といった共感の言葉をかけることが大切です。

また、イライラしていたり、怒っているときには、「どうしたの？」と、その理由を質問することで、相手の感情を理解しようとする姿勢を示すことができます。また、相手が話をしているときに、「なるほど」、「そうなんだ」と言いながら頷いたり、目を見て話を聞くことで、相手の感情に共感していることを示すことができます。

相手の感情に共感することで、お互いが安心して本音を話し合うことができる環境を作ることができます。感情に共感するためには、相手の話をじっくりと聞くことや、相手の立場に立って考えることが大切です。また、相手の話を聞いた感想や自分の感情も素直に表現することで、相手も自分の感情を打ち明けやすくなることがあります。

パートナーの話を聞いて、相手の感情を理解して共感の気持ちを伝えることができたら、そのあとに「一緒に頑張ろう」と励ましの言葉をかけたり、「どうしたら解決できるか一緒に考えよう」と解決方法の提案や具体的なアドバイスをするといいですし、「一緒に」という姿勢が大切です。

「相手の感情を理解して共感」というときに同感や感情移入ができないときもあると思います。「ママに共感してほしいと言われてもなかなかうまくできません」というパパもいます。「相手の感情を理解して共感」は共感的理解と言い換えることができます。共感的理解には同感や感情移入は不要です。「自分は同じ考えではないけれど、あなたはそのように感じているのですね」と理解することです。同感も感情移入もできないけれど、「あなたがそのように感じていることは理解できます」と共感の気持ちを相手に伝えることができます。

例えば、「産後に赤ちゃんの夜泣きの対応で寝不足がつらい」という話を聞いたときに、自分がその経験をしていないと同感や感情移入は難しいですが、「共感的理解」をして、相手のつらいという感情を理解した上で、「それはつらいね」と共感する気持ちを伝えられます。そのあとに「今日から自分も一緒に夜泣きの対応をするね」といった解決方法を提案するといいと思います。そこでパパも産後の赤ちゃんの夜泣きを経験することで、同感や感情移入をすることができ、さらに共感を深めることに繋がるでしょう。

産後の赤ちゃんのお世話で、パパは「母乳を直接授乳すること以外」はママと同じことができます。「夜泣きの大変さ」、「沐浴を一人でする大変さ」や「授乳しているときの愛おしさ」、「赤ちゃんのかわいさ」、「赤ちゃんを抱っこしたときのぬくもり」、「赤ちゃんの日々の成長を感じる喜び」などをパパとママが一緒に経験することで、パートナーの話や感情に共感することができ、産後の夫婦円満につながっていきます。

第2章 ③

夫婦関係がhappyになるコツ

パートナーから言われて嬉しい言葉は

最近、パートナーにしてもらって嬉しかったことは何でしょうか。例えば、子どもの寝かしつけで自分も一緒に寝てしまったときに食器洗いや洗濯などの家事の残りをパートナーがしてくれた。自分が体調を崩したときに看病して、子どものお世話や家事をパートナーが全部してくれたことでゆっくり休むことができた。つらいことがあって気持ちが落ち込んでいるときに話を聞いてくれて、励ましてくれた。そのようなときに「ありがとう」と感謝の言葉を伝えることは夫婦関係を良くするために大切です。パートナーに言われて嬉しい言葉は、男性であっても女性であっても変わりません。自分が言われて嬉しい言葉は、相手も言われて嬉しい言葉です。

〈図1〉のように、妻はパートナーに、「子育てへの共感」や「実際の育児や家事」よりもまずは、「自分に対する言葉がけや気遣い」を一番にしてほしいと思っています。逆に言うと、パパが育児や家事に積極的だったとしても、ママに対して言葉がけや気遣いができていないと、ママの満足度が低くなったり、夫婦関係が悪くなってしまうことがあります。。

それでは、どのようにパートナーへ言葉がけをしたり気遣いをすればいいのでしょうか。

「ありがとう」「お疲れ様」

一緒に暮らしていると担当している家事や育児を「担当している方がやって当然」とあたりまえのような感覚になりがちです。たとえ分担制であったとしても「お疲れ様」とねぎらったり、「(洗濯物をたたんでくれて)ありがとう」とやってくれたことに対する感謝の言葉を伝えましょう。普段からパパとママが「ありがとう」と感謝を伝え合っているところを見ていると、子どもも自然とお礼を言うことを学びます。

「ステキだね」「嬉しい」

新しい服を買ったとき、髪をカットしたとき、お出かけでオシャレしたとき、趣味のスポーツを頑張っているときなど、パートナーから「ステキだね」と褒められると嬉しいもの。褒められたときは照れ隠しに謙遜したりせず、素直に「ありがとう」「嬉しい」という気持ちを相手に伝えましょう。

〈図1〉

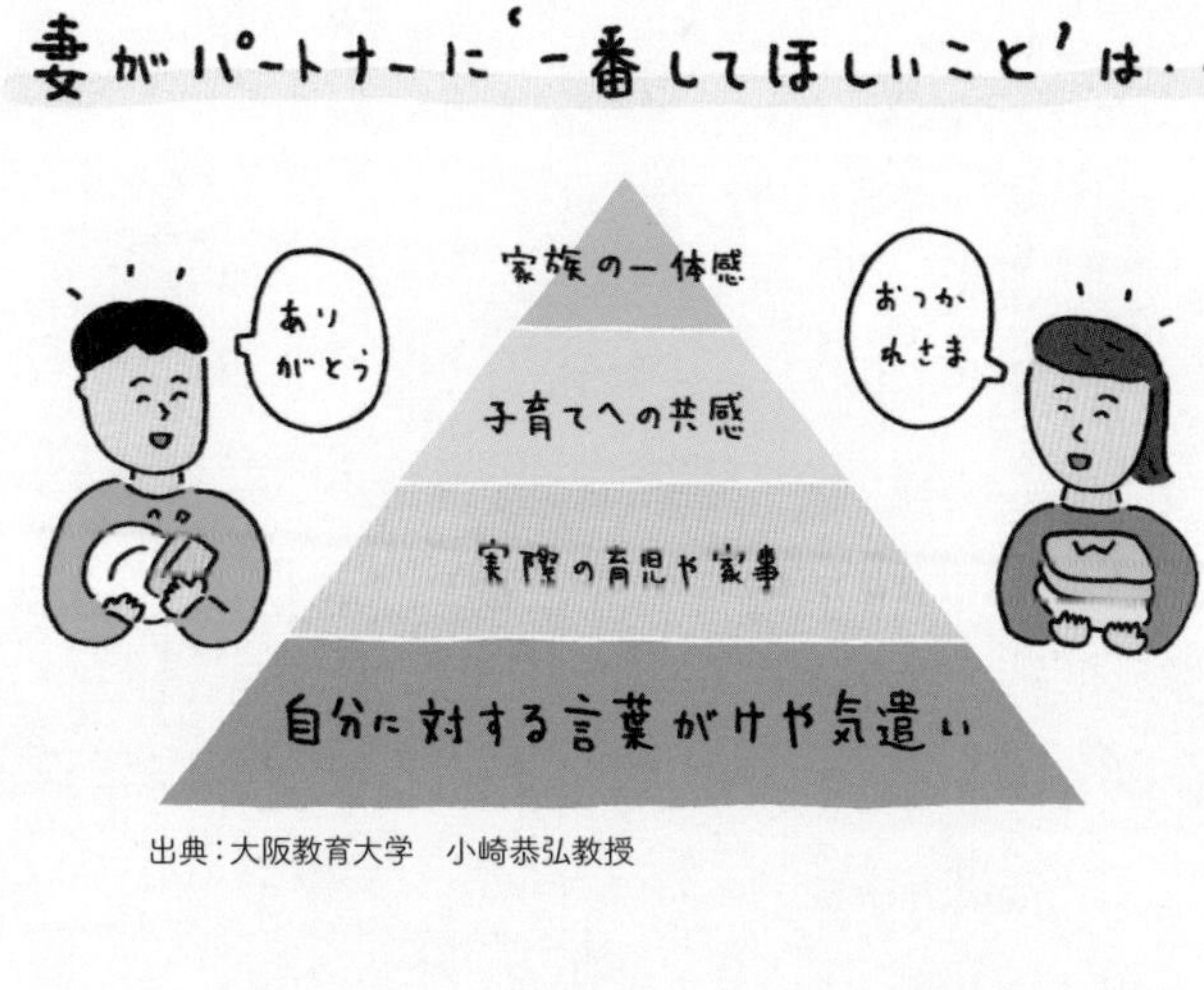

出典：大阪教育大学　小崎恭弘教授

「大丈夫?」「無理しないでね」

仕事や家事、育児などで忙しいとき、体調がよくないとき、パートナーが「大丈夫?」「無理しないでね」「自分が代わりにやるから休んで」と声をかけてくれると嬉しいもの。自分ができない場合は「○○にお願いしよう」と、ファミリー・サポート・センター(ファミサポ)や家事代行サービスなどに頼ることを提案したり、依頼の段取りをすることでパートナーが休める環境作りができます。

「いただきます」「おいしいよ」「ごちそうさま」「いってきます」「いってらっしゃい」「ただいま」「おかえり」など

日常の生活でよく使う言葉も料理をしてくれた人に感謝の気持ちを込めたり、相手への心を込めて言うことでパートナーがうれしくなる言葉になります。

自分を知り、相手を知る

夫婦のコミュニケーションは、自分や相手を理解し、相手の行動や言動を理解することが大切です。そのための参考として(表1)にビジネス型の男性脳と家庭型の女性脳の特徴を載せました。必ずしもパパは男性脳、ママは女性脳というわけでもなく、あくまでも男性と女性にこういう傾向があるという意味です。

ある人は職場では男性脳で、家に帰ると女性脳になるという人もいました。自分はどちらのタイプに近いのか、相手はどちらのタイプに近いのかを考え、夫婦で共有することで、相手を理解する手助けにしてみましょう。

会話をするときに、例えば何か悩みや困ったことがあったときに男性脳は「こうすればいいんじゃない？」と解決方法を提案することが多いですが、女性脳は「それは大変だったね」と共感することが多いということです。

ストレス解消方法も男性脳は1人の時間で好きなことをしたり、考えたりすることでストレス解消しますが、女性脳は人に話して共有したり、共感してもらうことでストレス解消になります。

夫婦といえども自分とは違う人間です。「違いは間違いじゃない」と理解することが大切です。相手の考えや行動を少しずつ理解して、尊重することで、一緒の時間をお互いに、快適に過ごすこと。それが夫婦が仲良く、ｈａｐｐｙになるコツです。

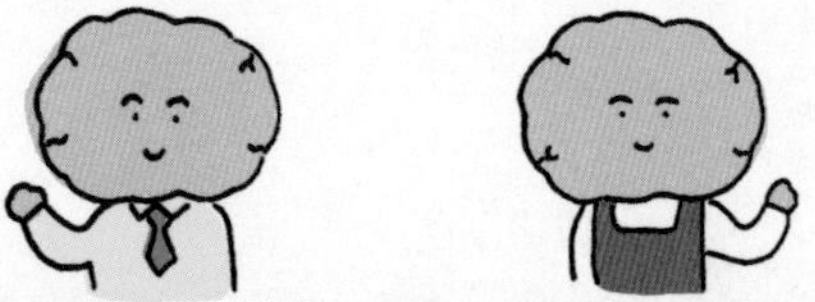

（表1）

	ビジネス型（男性脳）	家庭型（女性脳）
会話	問題解決型	共感型
ストレス解消	1人の時間（趣味など）	人と話す（悩み共有）
行動	ゴール志向型 一点集中型	プロセス志向型 複数同時進行型
考え方	論理的 集団の中での順位を重視	直観・感性を重視 フラットな関係を築く

4

産後、パパにしてほしいこと〜ママのリアルを知ろう〜

産後、パパにしてほしいことランキング

身体的にも苦しい状況の出産後のママに対して、パパはどんなことをすればいいでしょうか？実際にファザーリングスクール2021の修了生と有志メンバーのママたち75人にアンケートした内容を紹介します。

上位4つを囲んでいますが、これだけでほぼ7割を占めています。つまりそれだけ多くのママの共通の思いであると言えます。「ママの話をちゃんと聞く」「言われる前に行動する」は少なくとも産後でなくてもすぐに取りかかれることですね。

1位の「ママが1人になれる時間を作ってくれる」は産後、24時間体制で赤ちゃんのお世話がスタートしますが、パパが赤ちゃんのお世話をすればママに1人の時間を作ることができます。

あるママは初め、パパ1人で赤ちゃんと過ごすことに不安を感じることがあったそうですが、まずは1時間からスタートしてその後、2時間、半日、1日と少しずつ時間を延ばしていったそうで

す。しだいに安心してパパに赤ちゃんを預けて、ママは美容院に行ったり、カフェに行ったりして1人の時間を作れるようになったということです。パパとママがお互いに家事や子育てを1人でできるようになることでお互いに自由な時間を作り合うことができます。

　産後のママの体の変化への理解を深めることも大切です（P56）。個人差や日々の調子でも変わるので、ママの体調や気持ちを聞きつつ、寄り添いましょう。

産後、パパに一番してほしいと思ったこと（1つだけ選択式）

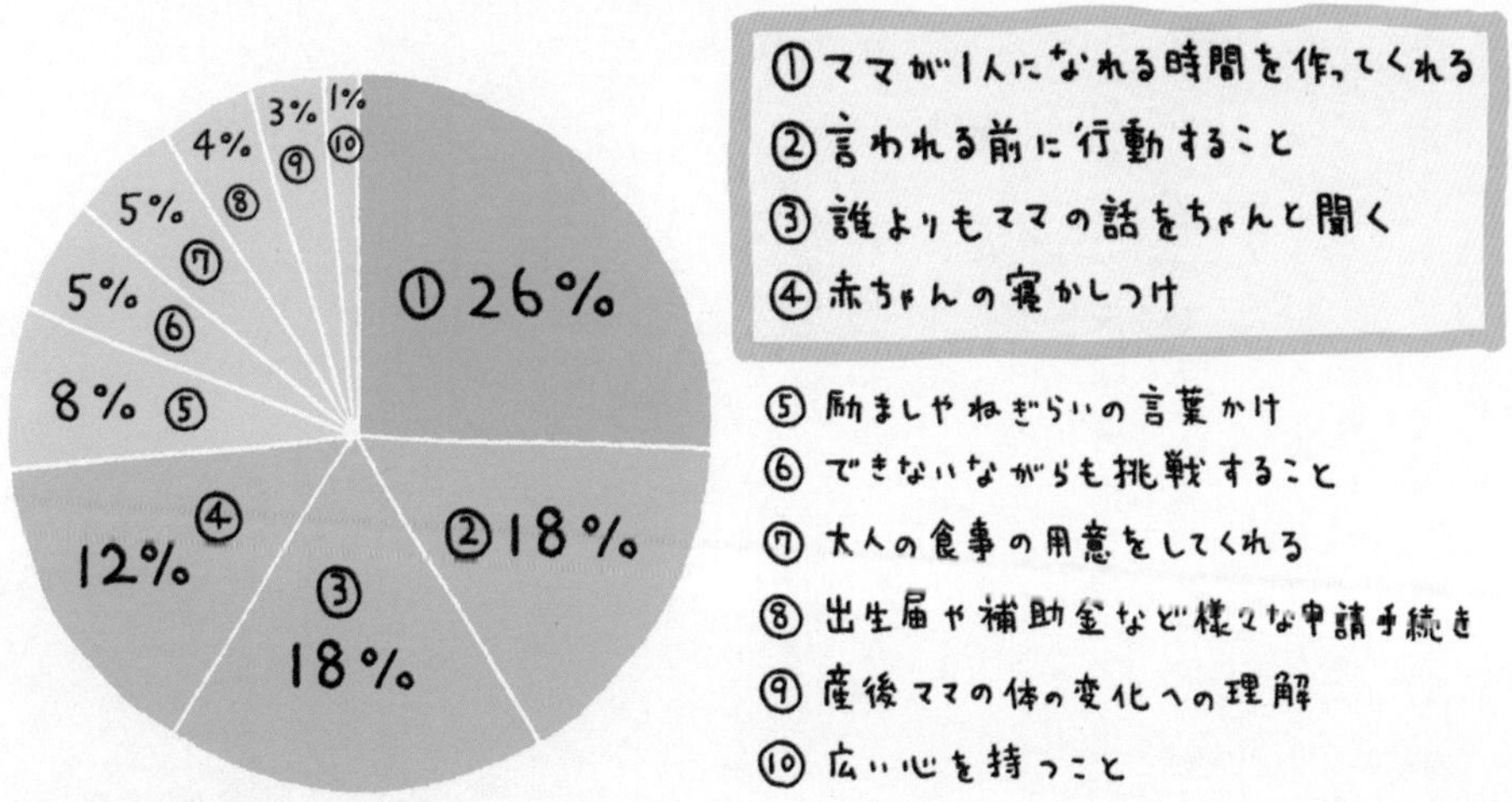

※備考は175頁に記載しています。

産後、パパにしてほしいと思ったこと

アンケートの自由記述からは、ママとパパで同じ目線に立ちたいという産後のママのリアルな本音が伝わってきます。実際にママの声を紹介します。その人、その時によってママの気持ちは違うので、よく話を聞くことが大切です。

❶一緒に子育てを学ぶ

・一緒に知り、学んでほしい。パパの学び、応援しています！
・妊娠中から自ら子育てについて学び、一緒に親になってほしい（この月齢だとどうなるとか、離乳食のこととか）。

❷話を聞き合い、共感・相談する

・女性は妊娠期からママになりますが、男性は産後からパパになるので、夫婦の意見が食い違うことが多いと思います。でも、そういうときにまずお互いの話を聞き、相談できる環境があれば些細なことは解決できると思っています。
・ママの気持ちを共感してくれると、すごく嬉しい。一緒に子育てをしていってほしい。
・ワンオペに不安だった。夫には仕事で稼がなきゃという意識があり、助けてと言えなかった。何事もなく生活することに必死。今日は夕飯いらないよって言ってほしかったかも。
・母も妻も頑張りたかった。何かに負ける気がして、頑張ることが生きがいになっていた。

❸パパの自覚を持つ
・パパとしての自覚を持ってほしい！
・自ら当事者意識を持って情報収集し、全てをママに委ねないこと。何事も完璧を目指さずほどほどにすること！

❹早く帰ってくる
・産後は生活が一変するので、仕事等が終わったらすぐ帰ってきてほしい。
・何が何でも早く帰ってきてほしい。

❺自分のことは自分でする
・自分のことは自分でしてほしい。ママの体調不良時の食事は自分で何とかしてほしい。
・我が家はお弁当作り、朝ご飯の準備をパパが自分でしてくれたので助かりました♪
・夫が休日に子どものお世話をして、自分が家事ばかりしていたのでモヤモヤしていた。でも2〜3人目が生まれたときは、子どもたちを夫に託して家事に集中できる時間が、すごくありがたかった。

育児体験談

パパはママの一番の味方

齊藤正宏さん（男の子17歳、女の子14歳）

笑顔あふれる家庭を築くためには、夫婦のパートナーシップが不可欠です。タイトルにある「パパはママの一番の味方」。このようにパートナーから言われ続けるパパでいてください。

分担や協力も重要ですが、それ以上に夫婦の信頼関係が大切です。子どもが独立した後も、ずっと一緒にいるのはパートナー。お互いに支え合い、共に歩むことが幸せな家庭の基盤です。自分がパートナーにとって味方と思ってもらえるような行動が大切です。

私は個人事業主だったので育休は取得していないのですが、毎日、妻と2人で交互に娘をおんぶ紐でおんぶしながら働いていたので、育休しながら働くという感じだったと思います。

お互いに同じ境遇を経験することで、その大変さが同じレベルで理解できるようになり、お互いをいたわりあうことができるようになりました。「ほんと大変だけど、頑張ろうね」と、助け合う気持ちが高まりました。

お互いが主担当として協力し、初めての経験を楽しむことが大切です。夫婦で協力し、素敵な家族の形を楽しみながら見つけていくことが大事です。お互いに尊重し合い、信頼を深めながら、笑顔と愛に満ちた家庭を築いていってください。応援しています！

第3章

妊娠・出産前のパパのための基礎知識

妊娠出産のイメージと現実

ママは命がけで出産！ あなたは何をする？

妊娠中のママがいるパパに聞いてみると、「赤ちゃんが生まれたら、一緒に公園に行きたい」「赤ちゃんとママと楽しくお出かけしたい」、など楽しい声がいっぱいです。その楽しいこと・幸せなことはパパの〝理想〟〝目標〟として、とても大切です。

でも、〝現実〟として、**ママは〝命がけ〟で赤ちゃんを出産します**。その〝現実〟はしっかりと意識してください。その命を懸けて、出産するママに対し、**妊娠中・出産前、そして産後に、パパは〝何〟をしますか？ 〝何〟ができますか？**

あるパパは、妊娠中にママとゆっくりカフェでお茶をしている時、そのママから真剣な眼差しで「出産後、私に万が一のことがあったら、このお腹の子をパパ、いっぱい愛してあげてね」と言われたそう。この言葉でパパは妊娠・出産に対する意識が変わり、赤ちゃんやママのために、自分は何ができるか、真剣に考え、行動に移すようになりました。「**ママは命がけで出産**」。パパは、いつまでもこのことを忘れないことが大切です。

OSアップデートの5段階を意識

OSアップデートの「5段階ステップ」をパパたちには常に心掛けてほしいと思います。能力開発5段階とも言われていますが、「**知る**」「**わかる**」「**行う**」「**できる**」「**分かち合う**」です〈図1〉。意識せずにごく自然と、このステップを踏んでいる方も多いでしょう。

仕事でたとえるなら、新卒で入社し、初めてその業務をする方がいるとします。初めてなので、やり方とか全くわからないですが、その業務の存在を「**知る**」ことになります。次に、上司や先輩が教えてくれたり、レクチャーしてくれたり、自分でも調べて、考えて、咀嚼して、「**わかる**」ようになります。わかると、少し自信がついて「**行う**」ことが

〈図1〉 OSアップデートの'5段階'ステップ

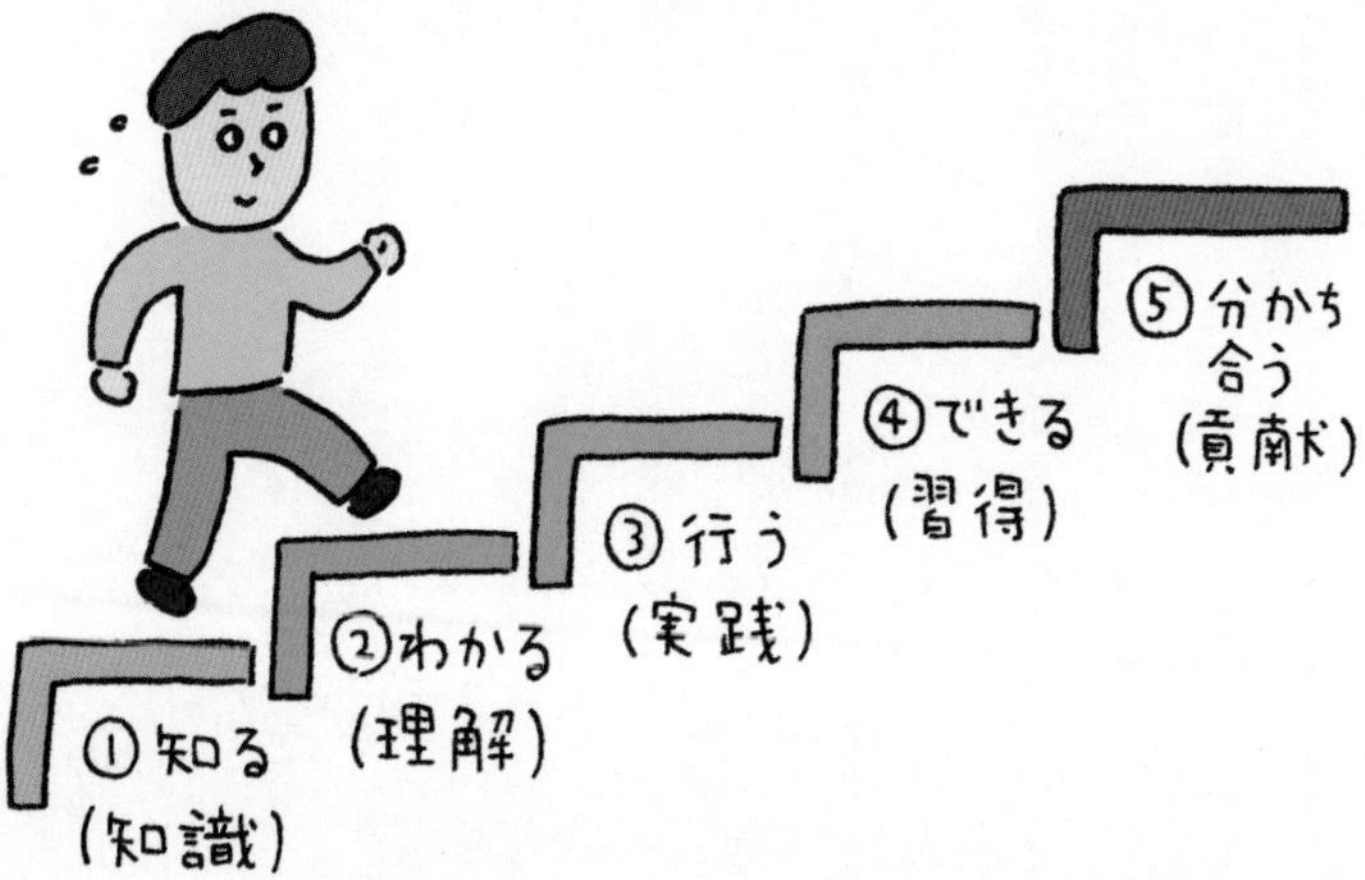

できます。そして、失敗したり、悩んだり、試行錯誤しながらも、自分で「**できる**」ようになります。最後に、何度も何度も行い、できるようになった後は、自信もついているので、メンバーや同僚、部下に「**分かち合う**」ことができます。

この考え方は、子育てにも通じます。例えば、オムツ替えです。赤ちゃんが生まれ、オムツ替えをすることになり、オムツにも色々な種類や使い方があることを「**知る**」ことになります。使い方ややり方を自分で研究したり、調べたり、ママに教えてもらったりして、オムツ替えが「**わかる**」ようになります。次に、自信もつき、ゆっくりかもしれませんが「**行う**」ことができます。

何回も何回も、オムツを取り替えることで、赤ちゃんに話しかけたり、笑顔を見せながら、心にゆとりをもちながら、オムツ替えが「**できる**」ようになります。そして、おばあちゃんやおじいちゃんに、昔よりも性能が上がっているオムツの替え方を伝え、「**分かち合う**」ことで、オムツ替えが自分以外の人もできるようになります。

このように、OSアップデートの「**5段階ステップ**」は、子育てにも通じるところが多くあります。しかし、パパとして、家事・育児を主体的にやるには、この「**行う**」・「**できる**」の行動の部分がとても大切ですが、「行う」・「できる」ためには、前のステップの「**知る**」・「**わかる**」もとても大切です。

妊娠・出産前から、パパは多くを知り、学び、インプットし、〝パパだからこそ〟できることを実践しましょう。その知る機会のために、この本が多くのパパのサポートになるはずです。

親になるステップのママとパパの違い

女性は「体」の変化と「心」の変化が特に顕著ですが、男性はどうでしょうか。女性のように身体的変化は表れませんし、ホルモンバランスも大きな変化はないでしょう。では、パパになることを意識・実感するステップにはどういったものがあるでしょうか。パパに聞いてみると、パパを意識・実感するには〈図2〉のような、「妻の心身の変化」「パパ友・ママ友」「制度理解」「家事力・生活力」「働き方の見直し」「育休取得」など、主に6つのステップが挙げられます。

まずは、「妻の心身の変化」ですが、こちらはP50で詳述します。次に、「パパ友・ママ友」ですが、これは、自治体のパパママ学級や、病院の赤ちゃん講座などの参加を通じて、出会った人と仲良くなり、色々と話をしたり、意見交換をする中

〈図2〉 パパを意識・実感するステップ

パパは産前から'産後'に備えた
パートナーシップを意識・行動しよう♪

で、パパになることを意識・実感するパターンです。

次に、「制度理解」です。会社の時短制度や配偶者出産休暇、また国の育休制度（P60）を妊娠中に、パパ自身が勉強したり、調べる中で、パパになることを意識・実感する人もいます。また、妊娠中から、ママのために料理の腕を磨いたり、産後の生活を迎えるために、掃除や洗濯を主体的にパパが行うことで「家事力・生活力」が向上し、その過程で、パパになることを意識・実感する人もいます。

そして、「働き方の見直し」です。退院後の赤ちゃんのいる生活、ママの心身のケアを、しっかり考えて、妊娠中から、仕事の業務効率を上げたり、同僚やメンバーをうまく巻き込んだ仕事の取り組みを実践するなどの働き方を見直す過程で、パパを意識・実感することもあります。

最後に、「育休取得」です。育休中に、ママのケア、赤ちゃんのお世話、周りの家事など、日々実践を積み重ねる中で、パパを意識・実感する人も多いかと思います。このように、パパを意識する・実感するステップは色々とあります。

育児体験談

子どもとの時間がパパスイッチにつながる人生を広げてくれた宝物

谷内政昭さん（男の子15歳、女の子12歳）

長男が生まれたとき、深夜2時に始まった妻の陣痛は翌日の朝5時頃まで27時間ほど続きました。この間ずっと付き添っていましたが、生まれる頃には二人ともフラフラで陣痛の合間の3分で睡眠がとれる状態。二人で出産した、という気持ちになりました。

生まれた子はかわいい一方、しゃっくり一つに「大丈夫か？」とビクビクしてしまう。か弱い存在に命を授かったということを実感し、大切に守らねばという気持ちになりました。

長女が生まれたときは、出産予定日を超過し誘発分娩となり、朝入院して、その日の夕方に生まれました。出産は女性にとって「命がけ」。ママの偉大さに気づくとともに、小さい子どもたちを、大切に守らねばという気持ちはさらに強まりました。

子どもが小さい頃は、ごはんや着替えなどのお世話や、お風呂に入れる、絵本を読み聞かすなど一緒にいる時間を大切にしていました。そんな日々の生活の中で少しずつパパスイッチが入っていったように思います。

お腹がゆるかった長男。よく「う○ちが漏れた～」と言って妻と連携プレーで対応した日々も懐かしい思い出です。

第3章 ②

産前産後におけるママのカラダとココロの変化

パパになることを意識・実感するステップにはどういったものがあるでしょうかという問い(P47)に、「**妻の心身の変化**」と答えるパパは多くいます。そして、その心身の変化は、妊娠中と出産後の「〝産まれる前〟と〝産まれた後〟」においても、大きく異なります。パパには、知識・情報・学びとして、是非とも知っておいてほしいですし、「知る」からこそ、その次の能力開発のステップにも進めることになります。

また、「産前産後の期間」のママへの関わり方、コミュニケーション、思いやり・感謝の表現などが、「女性の愛情曲線」(P29)に影響を与える可能性は、先に詳述しましたが、これに関して大切なのは、「**産前産後におけるママのカラダとココロの変化**」について、正しい知識を得て、理解、行動することです。あるパパからは、「産まれた後、ホルモンバランスの乱れの影響で、ママが落ち込みやすかったり、イライラしたりするということは、たくさんあったけど、妊娠中・出産前にママのカラダとココロの変化について、自分で学んでいたので、しっかりと寄り添うことができました」という声も

ママのカラダの変化

ありました。

まずは、「妊娠中のママのカラダの変化」についてです。妊娠すると、お腹まわりが少しずつ大きくなったり、胸が張ったりと、「体」に変化が現れ、次第に、体重も増加します。妊婦健診では、体重を基準に指導をすると思いますが、ここで大切なのは、**「体重増加だけに注目するのではなく、体重増加の中身の理解もすること」**です。

例えば、妊娠10カ月目で、体重が約11kg増加したママ〈図1〉で考えます。妊娠中に増える体重の内訳は、赤ちゃんと子宮で約4〜5kg、乳腺が約400g、体脂肪が約3〜4kg、体水分が約2kgになります。妊娠中の体重増加の幅は人によって大きく異なりますが、このように、体重増加の中身を詳しく知ると、ママの体への負担が、いかに大きいことか改めてわかります。

この知識・情報を得たあるパパは、自分はママに何ができるかを考えて、体重増加に伴い、体を支える両足が浮腫《むく》むママに対し、就寝前に、ママと話しながら(気持ちよくなってママはそのまま寝ることも)、両足のマッサージをしていました。夜のプライベートタイム・夫婦だけの時間、また、妊娠期に、このような〝パパだからこそできる〟コミュニケーションは、夫婦のパートナーシップ構築にも繋がります。

また、あるパパは、お腹まわりが大きくなって、しゃがんだり、前屈みが大変になってきたママに対し、ストッキングを履かせるサポートをしていました。そのパパは、ストッキングを履かせること自体が大変でしたが、これを妊婦さんがやるのは本当に大変なことであると感じました。これも、まさに〝パパだからこそできる〟コミュニケーションの一つだと思います。

「妊娠中のママのカラダの変化」に対し、パパはママにしっかり寄り添い、コミュニケーションを取っていきましょう。それが、産後に向けた夫婦のパートナーシップに繋がります。また、体重増加の中身は、産院やクリニックで調べることができますし、そして、「知る」ことから、全ては始まります。

〈図1〉

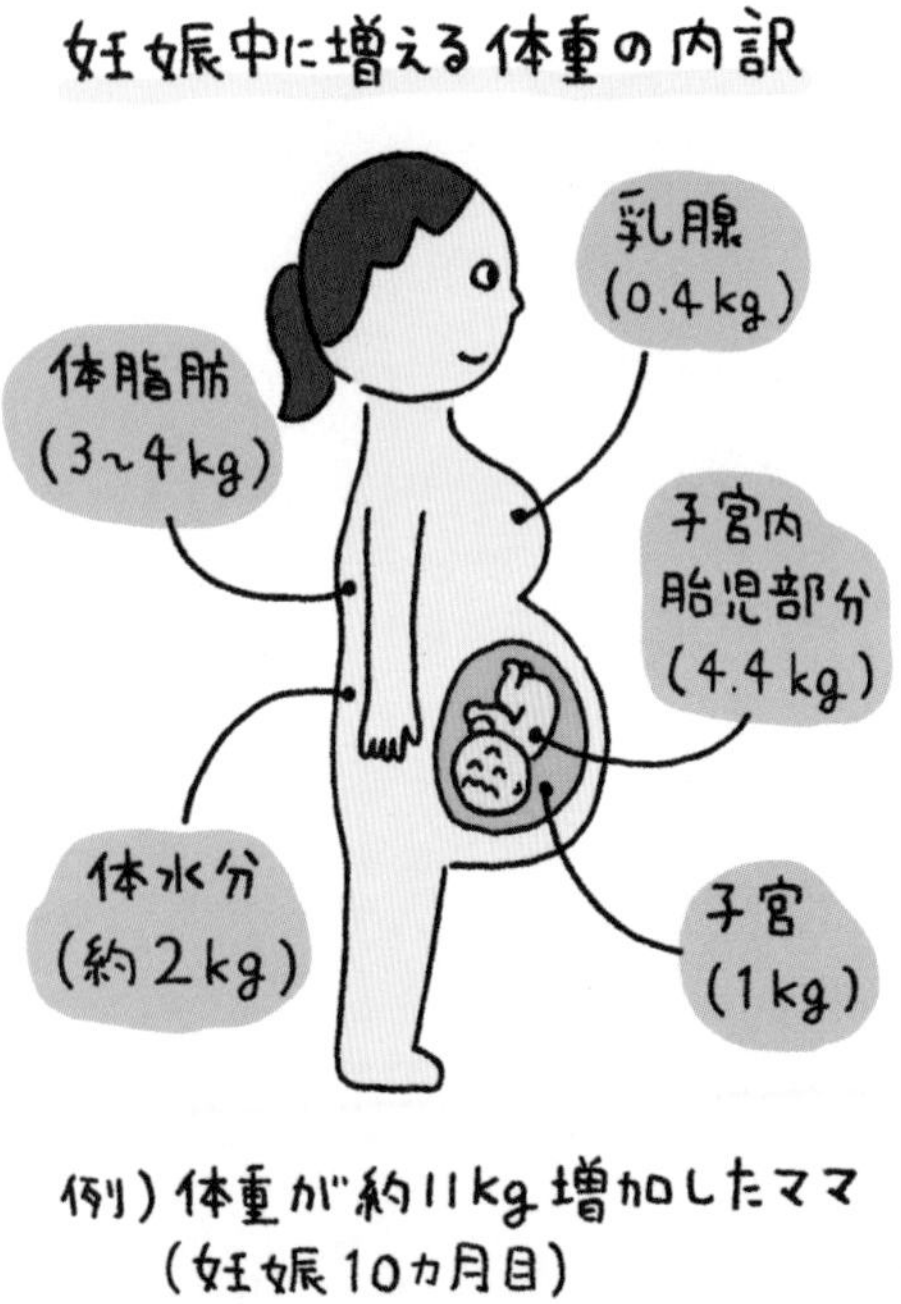

出典:『ママと赤ちゃんにやさしい 産前・産後のボディケアとビューティーメソッド』本田由佳著より

女性のホルモンバランスの変化

次に、「女性のホルモンバランスの変化」についてです。この変化は、妊娠中と出産後の「〝産まれる前〟と〝産まれた後〟」において大きく異なります。〈図2〉では「通常時のホルモン変化」への移行（横軸）と、それに伴う「ホルモン分泌量」（縦軸）を表し、その中で、2つのホルモンの❶**エストロゲン**と❷**プロゲステロン**の推移を表しています。前者は、体温の上昇、栄養や水分を体に蓄えるなど、妊娠に適した体作りをする卵胞ホルモンで、出産まで大量分泌します。後者は、妊娠を維持する働き、赤ちゃんの成長を調整する黄体ホルモンです。

これら2つのホルモンは妊娠周期が進む

〈図2〉 通常時のホルモン変化と妊娠中のホルモン変化

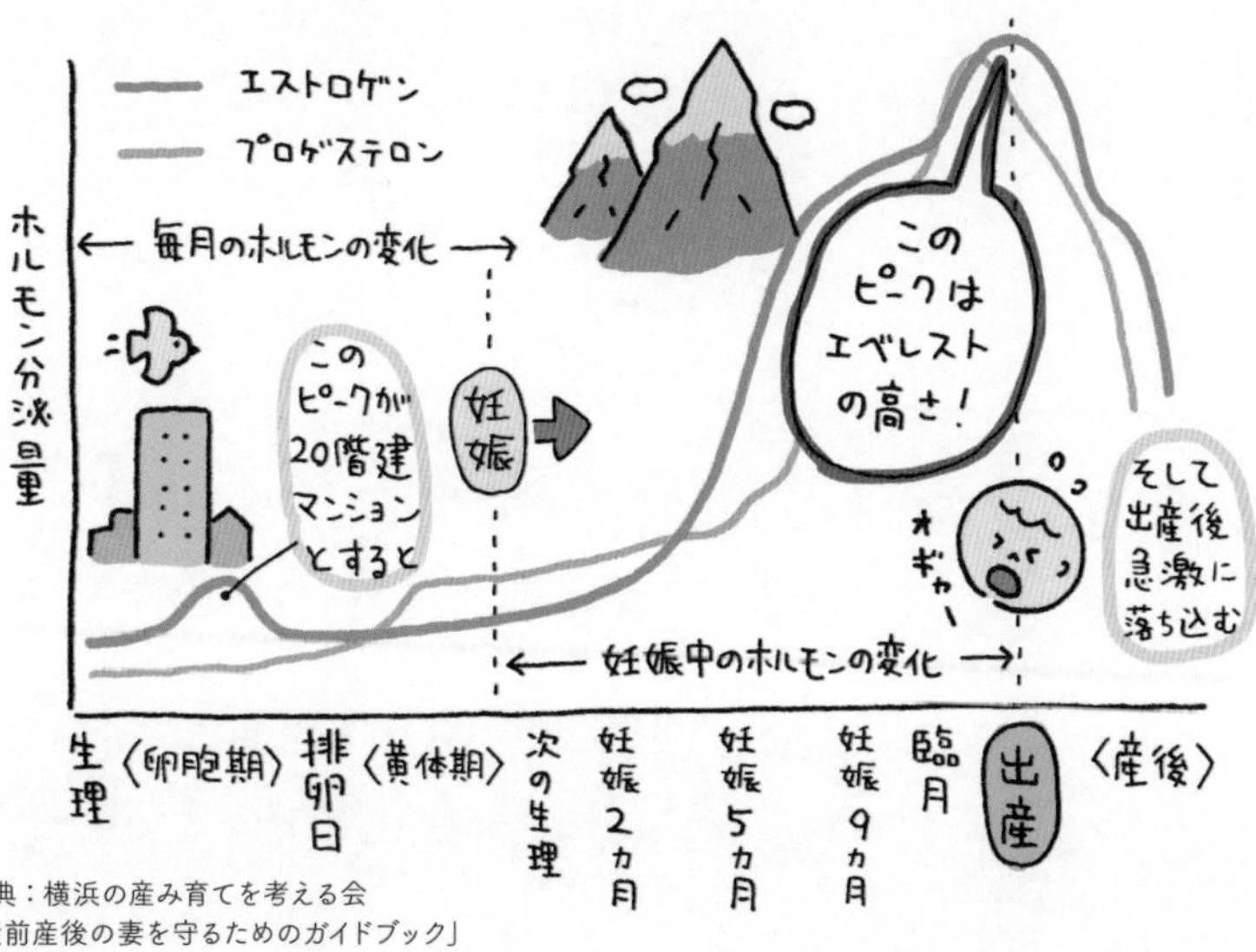

出典：横浜の産み育てを考える会
「産前産後の妻を守るためのガイドブック」

につれて、どんどん分泌量を高めていきます。特に、前者のエストロゲンですが、分泌量をイメージしやすくするように〝高さ〟で表すと、**「出産」が分泌のピークで、それは〝エベレストの高さ〟**に相当すると言われています。**「生理中」のピークが〝20階建てマンション〟**とすると、その高低差は想像に難くないと思います。

出産後は2つのホルモンを作っていた胎盤が放出され、ともに急激に落ち込みますが、エストロゲンで抑制されていた、母乳生産を高める**❸プロラクチン**というホルモンが働き始めます。つまり、「母乳が出る＝エストロゲン低下」ということになりますが、ただ、このエストロゲンの低下は、イライラ、肩こり、疲れ、だるさなどの症状を引き起こす原因ともされています。生理中、毎月繰り返されるホルモンバランスの乱れでも、このような症状は現れますが、産後の症状は、それらの比ではないのは、前述したエストロゲンの分泌量のピークが〝エベレストの高さ〟（「生理中」のピークが〝20階建てマンション〟）から急激に落ち込むというイメージ表現からも、想像できるでしょう。

また、これにより、マタニティーブルーになるママもいますが、パパにお願いです。**「マタニティーブルーの気持ちは〝生理的な現象〟で、どのママにも起こりえる」**ことで、**冷静な受け止め**が必要です。ママの気持ちに**寄り添い**、**話をよく聞く**こと、自分の考えと違っても**否定しない**こと、きちんと向き合い、**理解を伝える**ことが大切です。

そして、最後に、**❹オキシトシン**というホルモンについてです。このホルモンですが、赤ちゃんの授乳や触れ合い、人とのスキンシップで分泌されますが、2つの、そして両極端な面〈図3〉を持ち合わせていると言われています。一つは「**愛情**」面です。母乳の分泌、子宮の収縮、短時間で深い睡眠の促進などの働きや、赤ちゃんとの愛情形成促進、仲間と思えた人との信頼関係構築の作用も大きくあります。

もう一つの面は「**攻撃性**」で、「我が子を守ろう」という愛情の深度が、攻撃性を生む場合があるということです。中でも、「〝外部の敵〟＝非協力的・自分の考えと違う」ということを確認すると、その作用が働くと言われています。この時、一番身近なパパこそ、ママのために、行動・言動には十分な配慮と思いやりが大切になります。妊娠中に、女性のように大きなホルモンバランスの変化もないパパ。この「女性のホルモンバランスの変化」を妊娠中・出産前から、「知る」ことは、産後の夫婦のパートナーシップに大きな影響を与えます。

〈図3〉
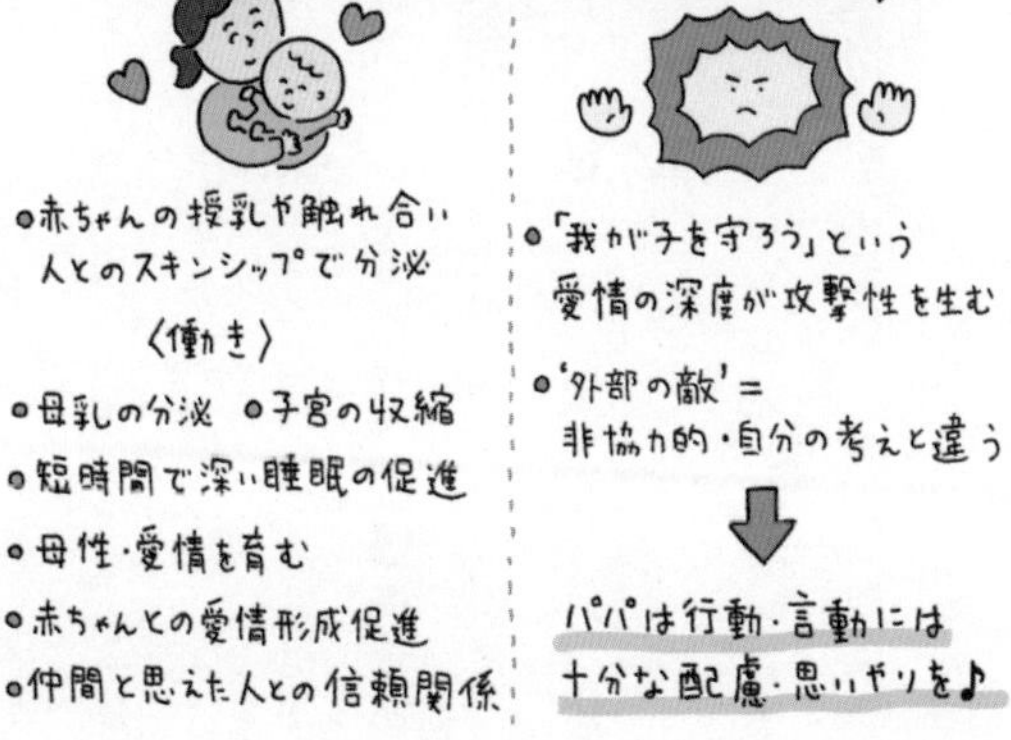
女性のホルモンバランスの変化
～オキシトシンについて～
愛情
攻撃性
●赤ちゃんの授乳や触れ合い
人とのスキンシップで分泌
〈働き〉
●母乳の分泌 ●子宮の収縮
●短時間で深い睡眠の促進
●母性・愛情を育む
●赤ちゃんとの愛情形成促進
●仲間と思えた人との信頼関係
●「我が子を守ろう」という
愛情の深度が攻撃性を生む
●'外部の敵'＝
非協力的・自分の考えと違う
パパは行動・言動には
十分な配慮・思いやりを♪

産後のママのカラダとココロ

次に、「出産後のママのカラダ」についてです。産後の女性のカラダは、「**交通事故に匹敵するダメージ**」があると言われています。あるパパは、退院後しばらくして、ママのカラダのダメージ・痛みについてママから打ち明けられ、考えを改め直しました。出産翌日以降、そのママには色々なカラダの疲弊があり、例えば、後陣痛、骨盤・恥骨の痛み、腰痛、肩こり、背中の張り、胸の張り、乳首が切れる、尿漏れ、不眠などがあり、そのパパは、「**ママは命がけで出産**」をしたことを再認識・再確認しました。出産当日や退院の時に、ママと赤ちゃんとパパの3人で撮った写真で、ママは笑顔だったとしても、実はママのカラダは大きなダメージを負っていることを、妊娠中・出産前から、パパは「知る」ことが大事です。

最後に、「出産後のママのココロ」についてです。ママに聞いてみると、赤ちゃんが生まれてハッピーだけど、実際、〈図4〉のような、「**ホルモンバランスの乱れ**」「**感情の起伏**」「**ロス感**」「**社会**」「**孤育て**」など5つに関してのココロの揺れ、モヤモヤが挙げられました。

まずは、「**ホルモンバランスの乱れ**」「**感情の起伏**」ですが、これはP53～P55を参照ください。

次に、「**ロス感**」です。赤ちゃんが生まれて嬉しい反面、妊娠中、ずっと(約10カ月)ママのお腹にいた赤ちゃんが、出産後、お腹の中からいなくなってしまうことで、寂しさや切なさを感じるママもいます。

次に、「**社会**」面です。出産前の産休に入り、出産を経て、育休を取得するママ、その育休期間は人それぞれです。しかし、妊娠前に仕事や社会活動をしていたママが、長くお休みに入ると、ホルモンバランスの乱れの影響からか、社会との接点の喪失、社会からの疎外感を感じるママもいるそうです。

そして、最後に「**孤育て**」です。字を見て、イメージが湧くかと思いますが、「孤立」、「孤独」に子育てに携わる意味で、背景としては、パパや家族のサポートを得られず、独りで子育てをすることが挙げられます。特に、パパの帰宅が遅くなる日は、ママは一人で赤ちゃんのお世話をしています。ホルモンバランスの乱れで感情の浮き沈みがある、また、睡眠不足、カラダには産後のダメージを負っているママが一日中、一人で赤ちゃんのお世話をするのは、とても、大変です。なので、パパは妊娠中・出産前から、育休取得（P60）を検討したり、働き方の見直し（P136）を図ったりするのは、産後に向けて、非常に大切なことです。

〈図4〉 産後のママのココロ

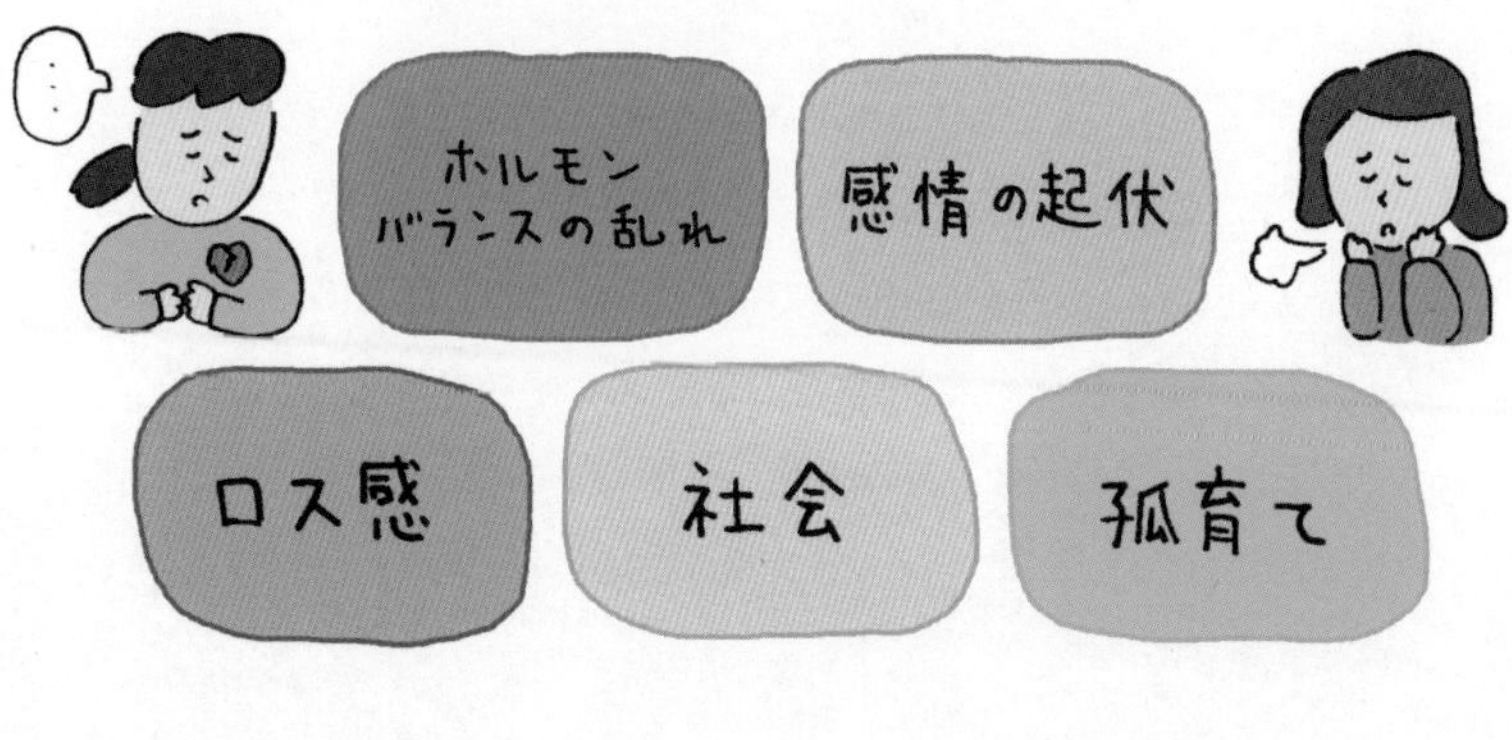

育児体験談

妻に聞いたら「1人の時間が欲しい」と言われ

吉田健太さん（男の子15歳、男の子13歳）

妊娠することで女性のカラダには様々な変化が生じるのに対して、男性は自身の体調に変化がないため、男女間で親になるという実感のギャップが大きくなりがちです。

1人目は特に分からないことだらけだったので、産院の両親学級に参加しました。そこで学ぶ内容ももちろん大事ですが、産前から一緒に学ぶ時間を「共有」することにも大きな意味があると思います。二人で一緒になってやる事が大切です。妊娠中は、普段当たり前にやれることでも難しいこともあるので、自分ができるだけ動いてサポートするようにしました。

産後はいつも以上に家事をやる努力をしましたが、分からないことを聞いたりして、イライラさせることも多々ありました。産前から聞いたりしてできることを少しでも増やしておければよかったなぁと思いました。

何ができるかなと、慣れないながら考えていましたが、いざ妻に聞いてみると「あれこれやってくれるのもありがたいけど、単純に1人の時間がほしい」と言われました。子どもと常に一緒なので、できるだけパパが子どもをあやしたりして1人の時間を確保できるようにしました。こうだろうと決めつけず、コミュニケーションを取り気持ちを聞いてみるのも良いかもしれません。

育児体験談

ママの心の余裕は
パパの頑張りにかかっている

堀恭平さん（女の子11歳、女の子6歳）

COLUMN

長女が生まれた時には、ママに対して有効なケアができておらず、ママが産後うつのような状態になってしまった時期がありました。当時、ママが辛かったのは、「今日も明日も、赤ちゃんの面倒を見るのは私だけ」という、「休み」がないと感じる状況だったとのこと。そのため、次女を授かった際には職場と相談し、週に1日か2日、家事育児のための休暇を取得しました。

また併せて、ママに美容室や友達とのランチなど、積極的に一人だけで出かける時間を取ってもらうよう、意識的に働きかけました。

「最初は、赤ちゃんを置いて出かけることに後ろめたい気持ちもあったけど、赤ちゃんから離れて自分が心地いいことをしていると、あぁ、自分はとっても疲れていたんだな、と自覚できた。そして、少し元気になって家に戻ったら、赤ちゃんがすごく可愛くて、そんなことも余裕がなくて忘れていたんだな、と思った。本当にありがたかったよ」

これは、この文を書くにあたって、当時を思い出してくれたママのコメントです。

大変だった産後に、一生懸命ママに寄り添ったパパの頑張りは、何年たってもしっかりと覚えてくれています。新たにパパになる皆さん、大変ですが、産後の頑張りが大切ですよ！

産後に向けた育休取得を考える

育休の取得期間は家族に合わせて

パパが産後の期間に育休を取得することは、家族全体の幸福感や子どもの健康にプラスの影響を与えることが研究からも示唆されています。そのためにまずパパが利用できる国の育休や自分の働いている企業の制度について確認していきましょう。※育休制度は改正されることがあるので最新の情報をチェックしましょう。

特に育休の取得タイミング、長さの検討は重要です。出産直後やママがサポートを最も必要とする時期に育休を取得することが理想的です。仕事の状況や業務の予定なども考慮に入れつつ、家族と相談して最適なタイミングを見つけましょう。家族にとって適切な育休の長さを検討し、家族との調整を図りましょう。

育休制度を知ろう

＊育休制度は、取得するためにはいろいろな条件があります。

・育休制度（育児・介護休業法）

子が1歳（一定の場合は、最長で2歳）に達するまで、申し出により育児休業ができる制度。2回に分けて取得できます。配偶者が専業主婦（夫）でも取得できます。

・パパ・ママ育休プラス

夫婦がともに育休を取得することで期間を1歳2カ月まで延長できる制度です。

・産後パパ育休（出生児育児休業）

1歳までの育休とは別に、子の出生後8週間以内に4週間まで、休業できる制度。初めにまとめて申し出れば2回に分割して取得が可能です。

・育休期間の延長

1歳時点（パパ・ママ育休プラスの場合

〈図〉パパ・ママ育休プラス

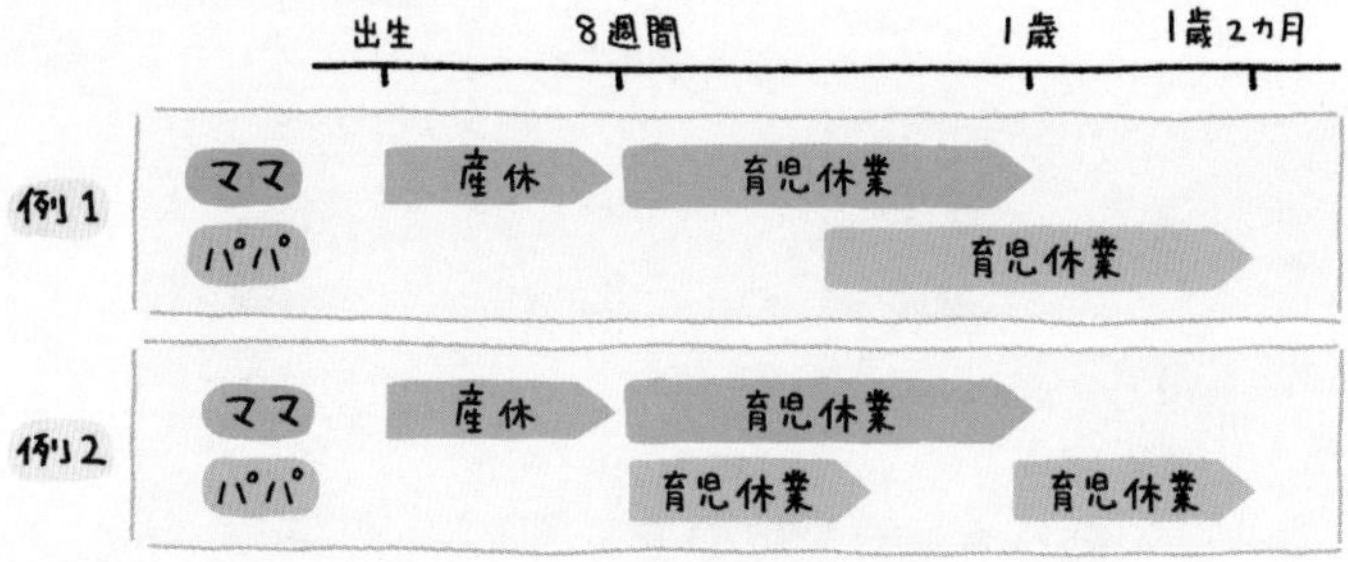

〈図〉産後パパ育休

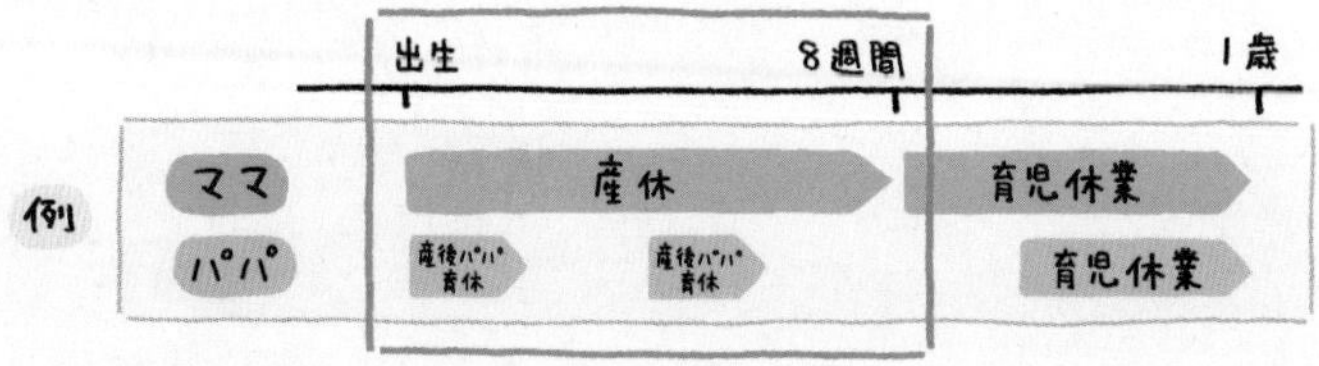

はその終了時点）で保育所へ入所できないなどの事情がある場合には1歳6カ月の前日まで延長することができます。また、1歳6カ月到達時点で更に休業が必要な場合、2歳までの育休の申し出が可能です。

・育児休業給付金

一定の要件を満たすと育児休業給付金の支給を受けることができます。夫婦で取得した場合、どちらにも育児休業給付金が支給され、休業開始時賃金の67％（181日目からは50％）が支給されます。育児休業給付金は非課税で所得税がかからず、育休中の社会保険料は免除されるため手取り賃金で比べると最大約8割の支給になります。

〈図〉育休期間延長

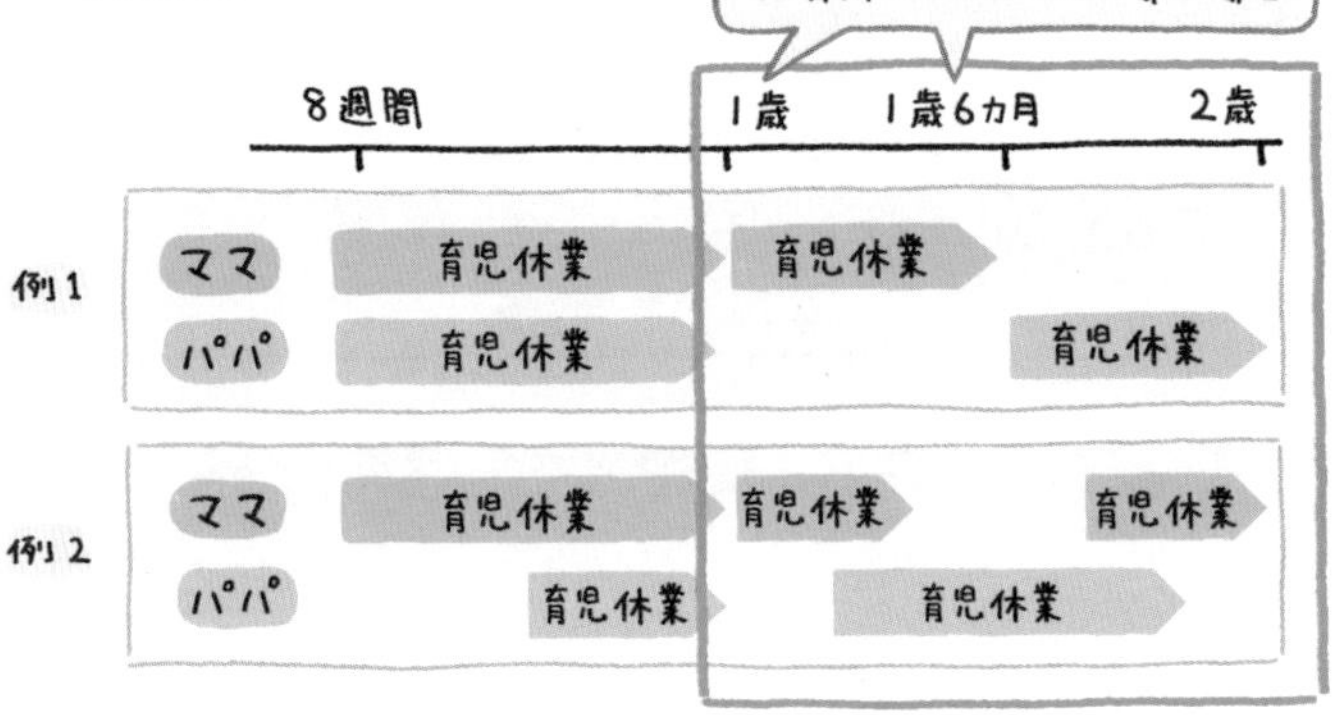

〈図〉育児休業給付金

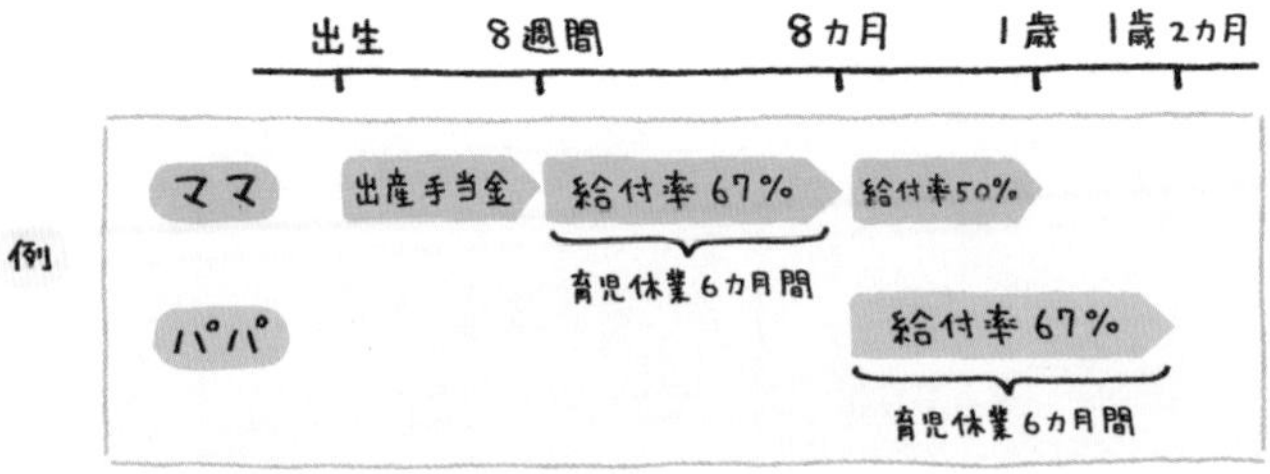

第3章 4

男性育休の現状

育休を取りやすい環境整備が進んでいる

男性の育休の取得率は17・13％、女性の取得率は80・2％（2022年度）となっており女性に比べて依然低い取得率です。なお、政府は男性の育休取得率の目標を2025年までに50％、2030年までには85％に引き上げるとしていて、まだ、目標までは大きな開きがある状況です。

そのため近年は育休を取得しやすい環境をつくるために法改正が頻繁に行われています。一定規模以上の企業は育休等の取得の状況を年1回公表することが義務付けられるなど雇用環境整備や個別の周知意思確認の義務化等、企業は育休を取得

男性育児休業取得率の推移

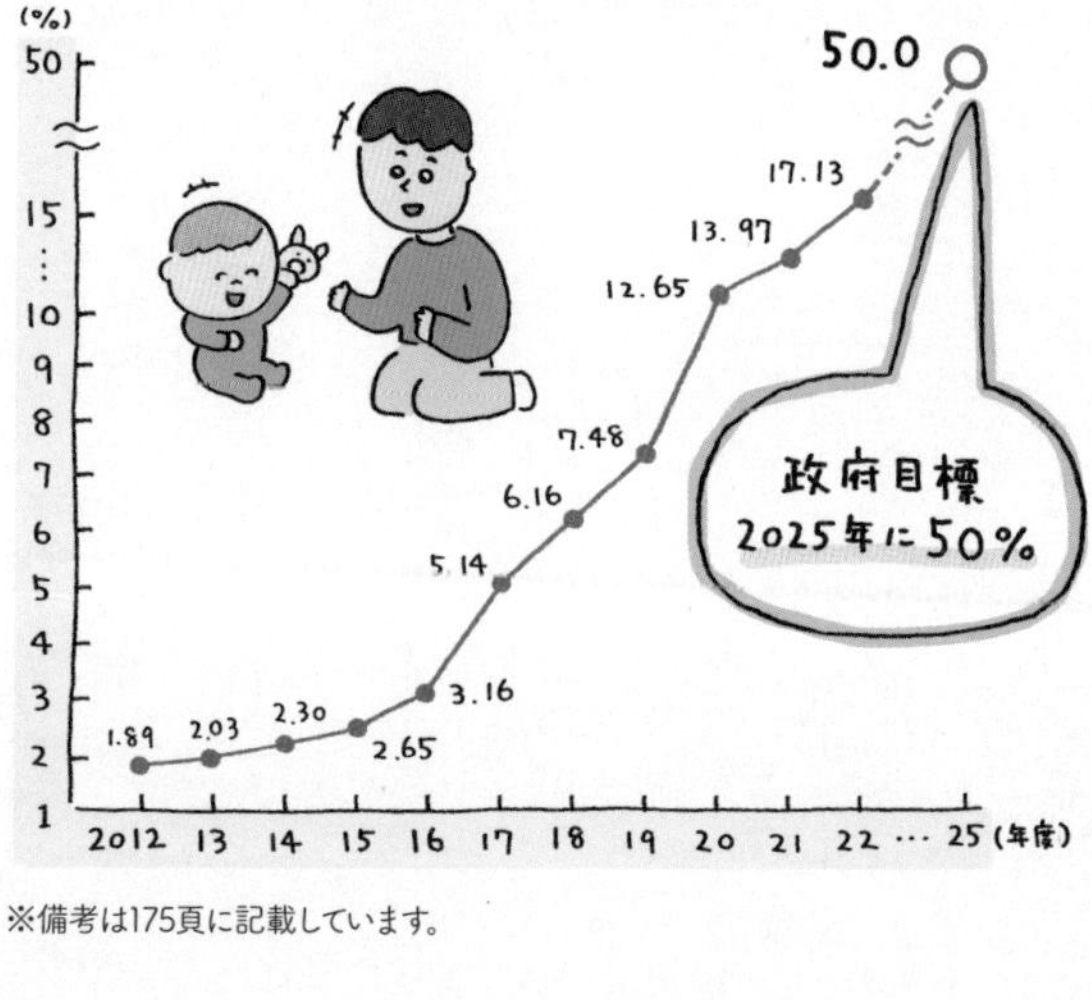

※備考は175頁に記載しています。

する従業員をサポートし、働きやすい環境を提供することが期待されています。今後も育休に関連する法改正が予想されますので育休を検討する際には最新の情報を厚生労働省などのＨＰにて確認するようにしましょう。

産後の母体保護（産後うつ）

・産後うつとは

出産後に極度の悲しみや、それに伴う心理的障害が起きている状態です。産後３日以内にみられる悲しさや気分の落ち込みなどの感情はマタニティーブルーと呼ばれ、こうした感情はたいてい２週間以内に治まりますが、産後うつ病になると症状が数週間から数カ月間続き、日常生活に支障が出ます。約10％～15％の産後の女性に発症すると言われています。

・産後うつの原因

産後うつの原因は単一ではなく、複数の要因が組み合わさることが一般的です。大きな原因として下記のようなことが考えられます。

❶慣れない育児で身体に大きな負担がかかること

産後のママは泣いている赤ちゃんをあやす、寝かしつけるなど、あわただしい毎日を過ごすために、疲労が蓄積しやすくなります。身体が疲れていると気分も落ち込みやすくなり、うつに陥るリスクも高くなります。

❷育児に対する不安や環境の変化に伴うストレス

育児は手探りで進めていくものなので、漠然とした不安を抱きやすくなります。特に産後は女性ホルモンの変化により、脳のストレスに耐える力が低下すると言われているため、普段なら何でもないことでも不安に感じることがあります。

・産後うつ防止のためのパパの役割

パパが積極的に家事・育児をし、ママをサポートすることは、産後うつの予防になります。家族全体で協力し、お互いに理解することはママの健康と赤ちゃんの成長につながります。

❶感情の理解：ママの感情や心情を理解し、受け入れることが重要です。出産や育児は感情的な変化が大きい時期であり、パパが理解と受容を示すことでママは安心感を得ることができます。

❷積極的な参加：育児や家事に積極的に関わることで、ママの負担を軽減し、ストレスを和らげる一助となります。例えば、夜間の授乳やおむつ替えなどの育児タスクを分担し、ママに十分な休息の時間を確保しましょう。お互いに連携し、共同で育児することが大切です。

❸コミュニケーション：ママと十分なコミュニケーションを図り、感情やストレスについて話す場をもつことが重要です。お互いに気持ちを共有し合うことで、ストレスを軽減しやすくなります。

❹心の健康への配慮：パパも自身の心の健康に配慮することが重要です。自分の感情やストレス状況を理解し、良好な家庭環境を維持できるようにしましょう。

産後うつ防止の観点から、**出産後の一番大変な時期に育休を取得してママや赤ちゃんと多くの時間を共有しサポートすることは、パパとして非常に重要なこと**といえるでしょう。

赤ちゃんの生活リズムの形成

新生児の期間は寝たり起きたりを短い間隔で繰り返します。その後、徐々に昼間に起きている時間や夜寝ている時間がまとまりはじめ、昼夜の区別をつけた生活リズムをつけやすくなります。最近の研究では1日24時間というサイクルを体が覚えるのは、赤ちゃんの頃だと言われています。赤ちゃんの時期に体の中の時計を24時間のサイクルに調整していきますから、早い段階から意識して生活リズムを作ることが非常に大切になります。

赤ちゃんの生活リズムを整えるには、パパとママが協力して生活のスケジュールを共有し、お互いにサポートし合うことが大事です。育休を取得することで、ママ一人に育児負担が大きくかかることを避け、共同で赤ちゃんのお世話をしやすくなります。オムツ替えや授乳、寝かしつけなどの日常のお世話がパパとママで分担されることで、ママの育児に伴うストレスは大きく軽減されます。

また、ママは出産に伴って体には交通事故に匹敵するダメージがあると言われています。妊娠前の状態にもどるまでには出産後6~8週間ぐらいかかることを考えると**パパが産後どれだけサポートできるかが、赤ちゃんが生活リズムを形成していくための大きな鍵**になるのです。

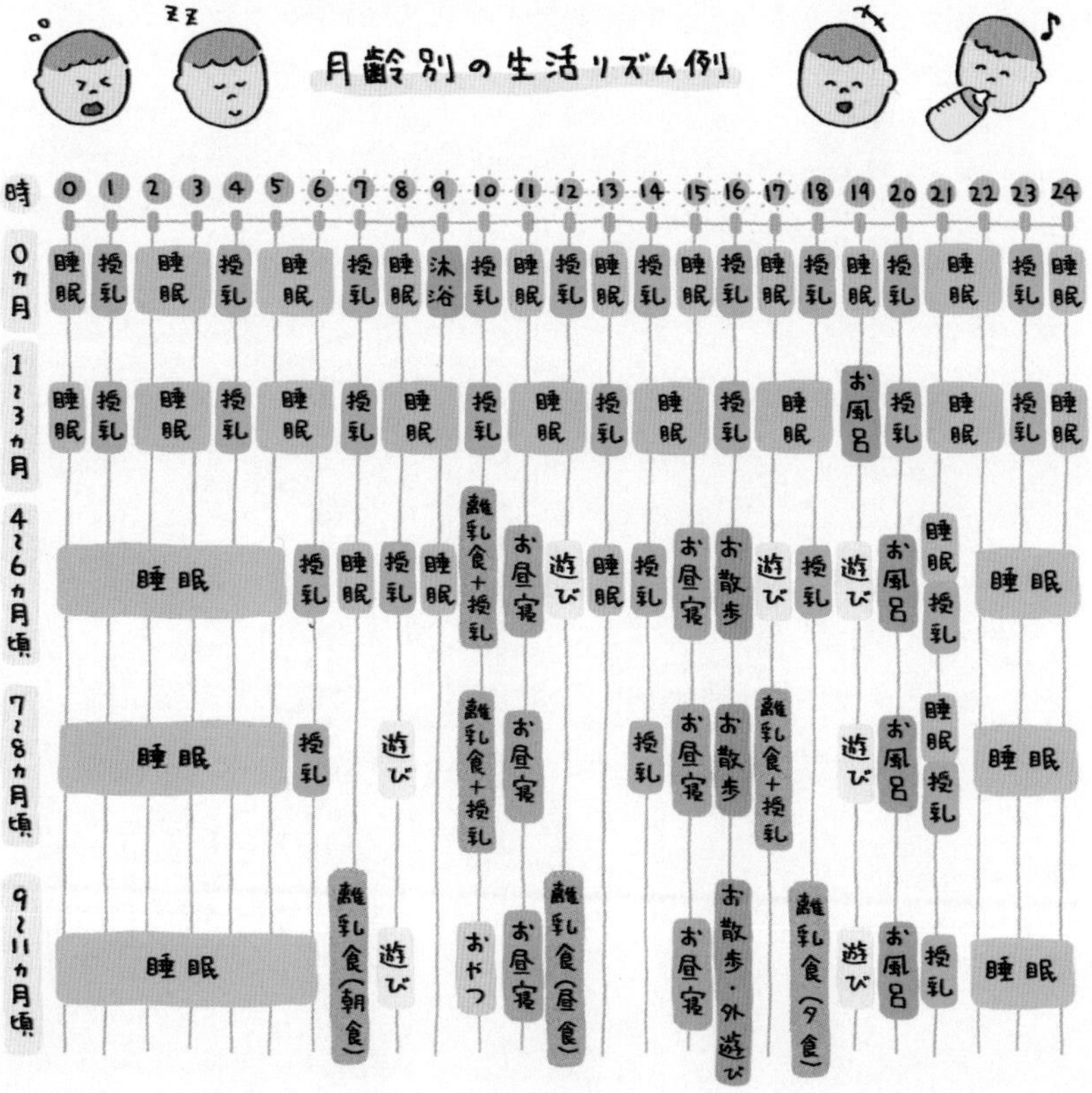

育児体験談

育休を取得したことで、双子の育児が楽しく！

平松勇一さん（男の子・女の子５歳双子）

僕は双子たちが生まれてくるまで、完全に育児を舐めきっていました（苦笑）。「きっと妻がなんとかやってくれるだろうと」勝手にそう思っていたのです。

しかし双子が生まれたら本当にてんやわんや。そんな中、僕の仕事は繁忙期。帰宅は22時〜23時。僕が帰宅後、妻には眠ってもらうのですが、僕も次の日は仕事。そのため深夜3時〜4時くらいのミルクを最後に眠らせてもらい、その後泣いたら妻に起きてもらう生活が続きました。

夫婦ともに１日３時間睡眠が続き、どうにもならず会社に相談。社労士さんに育休を勧めてもらい、1年間の育休に入りました。僕が育休を取ったことで、お互いの睡眠時間は倍くらいに伸びました。妻も早めに寝てもらい、僕も朝はゆっくり起きるようにしました。

そこからは本当に育児が楽しく、毎日双子たちを連れてどこかにお出かけしました。「今日はどこに行く?」なんて相談して、ショッピングモールや公園、住宅展示場など、普通の場所も小さな双子たちを連れて出かけると特別な経験になりました！

日々成長していく双子の姿を毎日近くで見られたこと、その後"子どものいる人生"を全力で楽しもうと思わせてくれたこと。全てこの１年の育休のおかげです！

育児体験談

育休取得したから
夫婦2人で乗り越えられた

筧　龍さん（女の子8歳）

育休は、娘の生後3週間後に約1カ月取得しました。

妻の妊娠前から「子どもが生まれたら休もう！」と決めていて、職場での引き継ぎも準備万端で迎えた育児休業。だけど、初めて娘を連れて自宅に帰ってきた時、小さな命を育てる責任の大きさにとても不安になったことを覚えています。

産後、体調が優れない妻。昼夜関係なく泣き出す娘。オムツからドバッとはみ出すうんち。近所のお出かけも大冒険で、大人二人がフラフラになりました。でも、大変な時期だったからこそ、育休を取得して本当に良かったと思っています。初めての出産で不安いっぱい、体もフラフラの妻をそばで支えられたこと。毎日のお世話を通じて、最低限の育児スキルを身につけ、より強く父親の自覚を持てたこと。何より、右も左もわからない時期を二人で乗り越えたことで、決してお手伝いではなく、夫婦で「一緒」に育児をする、という覚悟を持つことができました。

今、娘は8歳。まだ育児は続きますが、育休を取得したからこそ「今」があるし、ここまでやってこられました。育休は我が家の原点です。振り返ると、ホントに大変でしたが、人生で娘と一番長く一緒にいられた宝物の時間です。8年前、育休を選択した自分に、そして、一緒に過ごしてくれている妻と娘に感謝です。

妊娠中・出産前の期間こそ「共感・話し合い」が大切

妊娠・出産前という二人だけの期間限定の時間を楽しむ

退院後の生活をイメージしてみましょう。赤ちゃんとママが戻ってきて、家の中は、笑顔や楽しさ、喜びで溢れるかと思います。ただ、P53～P57で詳述しましたが、産後のママのカラダとココロは、変化や疲弊が多くあるかもしれませんので、母体保護の観点からもパパや家族のサポートは不可欠です。また、P66でも先述しましたが、赤ちゃんは生後1～2カ月は生活リズム(授乳やミルクのリズム)が、安定的ではないケースも多々あり、パパとママが手を取り合って、赤ちゃんのお世話をすることが大切です。

以上のことから、退院後しばらくは、「赤ちゃんのお世話」「ママへの心身のケア」中心の生活になると思います。また、退院後は、パパママは妊娠中・出産前にできていたことが、少しできなくなります。例えば、二人で何気なくカフェに行く、二人でゆっくりレストランに行く、二人でじっくり映画を観る、二人でのんびり旅行するなどです。

パパママには「妊娠・出産前という二人だけの期間限定の時間」を、いっぱい楽しんでもらいたいですし、また、この期間に、二人で子育て、家事、仕事、将来のことなど、話し合い、対話し、そして、共感と発見をし、〝産後〟に向けたパートナーシップをゆっくり構築していきましょう。妊娠中・出産前の期間こそ「共感・話し合い」が大切です。

ミスコミュニケーションを防ぐためには

ミスコミュニケーションとは、情報を伝える側と受け取る側に、認識の相違が起きている状態をいいます。「きちんと言ったはずなのに、正確に伝わっていなかった」「指示通りに行動したはずなのに、違うと言われた」などは、ミスコミュニケーションが起こっている状態だといえます。職場でも、家庭でも多く起きうるケースです。

例えば、〈図1〉のように、「頼まなくても察し

〈図1〉

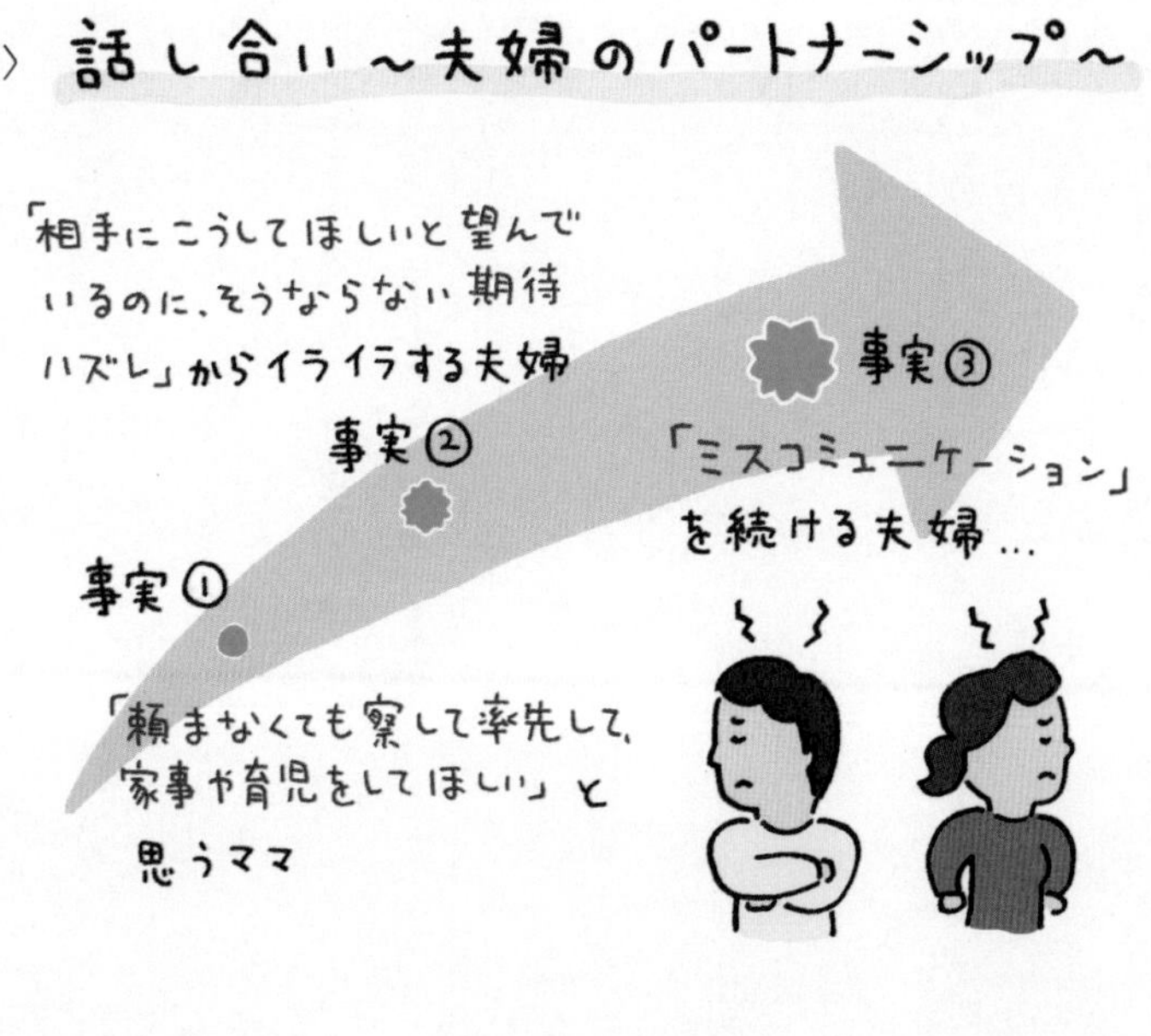
話し合い～夫婦のパートナーシップ～
「相手にこうしてほしいと望んでいるのに、そうならない期待ハズレ」からイライラする夫婦
事実③
事実②
「ミスコミュニケーション」を続ける夫婦…
事実①
「頼まなくても察して率先して、家事や育児をしてほしい」と思うママ

て率先して、家事や育児をしてほしいママ」がいるとします。パパはいつも近くで見ているし、これくらいできるとママは思っていますが、実際は、「相手にこうしてほしいと望んでいるのに、そうならない期待ハズレ」からイライラする夫婦。そうなることで、「ミスコミュニケーション」を続けてしまい、イライラやモヤモヤは募るばかりです。

退院後しばらくは、「赤ちゃんのお世話」「ママへの心身のケア」中心の生活になるので、なるべく産後は、夫婦の「ミスコミュニケーション」の機会・時間を少なく、減らす生活を送りたいパパは多いと思います。そのためにも、妊娠中・出産前の期間に、夫婦で「話し合い」することが大切です。

では次項で、実際、シンプルに、手軽にできる話し合いのワークを紹介していきます。

ママに何する？何している？何してあげたい？

「ミスコミュニケーション」を防ぐためには、〈図2〉のようなワークを用います。シンプルですが、「共感」「話し合い」には適していますので、是非トライしてみてください。

パパとママに、それぞれ、異なる質問をします。家事、育児、私生活など、何でもOKという前提のもと、まず、パパには『ママに何する？何している？何してあげたい？』と問い、それに対し、ママには『パパに何してほしい？（具体的に）』という問いです。また、P45で先述した、OSアップデートの「5段階ステップ」＝「知る」「わかる」「行う」「できる」「分かち合う」で、特に「行う」という〝実働〟に特化した質問になります。パパがママのために、ママがパパのために、どういう行動をするか、また、それはお互いの願望がマッチしての行動か、などを楽しく共有することができ、ミスコミュニケーション解消の一助になると思います。

例えば、家事の一環で、洗濯物を干す・取り込むのをやっているパパがいました。毎日毎日やってくれて、助かる様子のママでしたが、実は、もう少し、一手間二手間とやってほしいことがありました。毎日毎日やってくれるパパに、なかなか言い出せずにいましたが、このワークで、正面から向き合って、パパに言うことができました。具体的に、ママは洗濯物を干す時に、洗濯物同士の風の通りが良いよう、また、アイロンをかけなくて済むように、しっかりシワをのばして、形を整えて干してほしかったのです。普段は

〈図2〉ミスコミュニケーションを防ぐためには
～共感・話し合い～

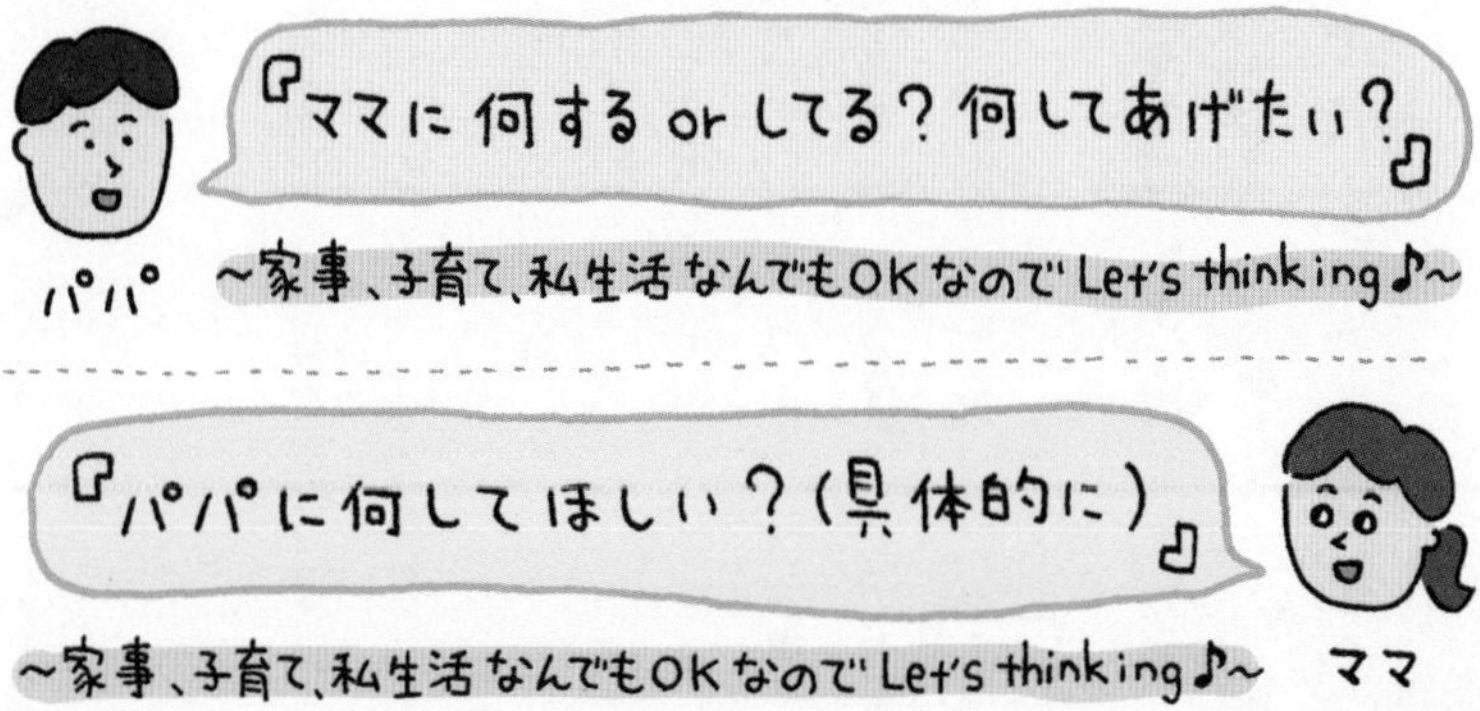
「ママに何するorしてる？何してあげたい？」
パパ
～家事、子育て、私生活なんでもOKなのでLet's thinking♪～
「パパに何してほしい？(具体的に)」
ママ
～家事、子育て、私生活なんでもOKなのでLet's thinking♪～

なかなか言えませんでしたが、このワークで、パパママが、楽しく共有できた一例です。人によっては、小さな差異・小さなミスコミュニケーションかもしれませんが、〝産後〟に向けたパートナーシップの構築には、効果的だと思います。

この夫婦の「話し合い」のワークで大切なポイントは以下の5点です。①安全な場所、話しやすい環境を作る ②聴く、待つ（相手の話を遮らない）③伝える・自分の考えを言う勇気を持つ ④結論ではなく、考えるのが目的 ⑤違いを楽しみながら、相手の意見を否定しない、などを意識して、是非、楽しくトライしてみてください。

この夫婦の「話し合い」のワークで、パパの声をいくつか紹介します。P53〜P57で先述しましたが、産前産後のママのココロとカラダの変化や疲弊について知ったパパは、それまで育休取得に関して、あまり当事者意識を持っていませんでしたが、「ママへの心身のケア」や「赤ちゃんのお世話」を中心とした生活を〝産後〟に送るために、3カ月間の育休取得を決意し、実際の行動に移しました。

また、あるパパは、産前産後のママを取り巻く環境を知って、今の働き方（朝早く出社し、残業して帰宅するルーティン）を、〝産後〟に向けて、妊娠中・出産前の間に「働き方の見直し」（P126詳述）を図ることを決め、行動しました。多くのパパが、このワークで、ママや家庭のためにすることを、考え、実行しています。

次に、ママの声を紹介します。あるママは、この夫婦の「話し合い」のワークをやり、〝具体的〟にパパにしてほしいことを伝えました。そのパパは、義理の両親（つまりママの両親）には、とても優しく丁寧に接してくれて、ママはとても嬉しかったのですが、自分の両親（つまりパパの両親）には、冷たいとまではいかないですが、少し淡々としたり、口調が強かったりと、そのママは心配・不安に思っていました。「パパは、身内と接する時は態度や口調が強くなったりする…、もしかしたら、赤ちゃんが生まれて、家族の暮らしを送るうちに、私（ママ）にも、態度や口調が強まったらイヤだな…」ということを、ママは心で思っていましたが、なかなか言い出せずにいました。しかし、このワークで、「私の両親（ママの両親）に優しく接しているように、自分の両親（パパの両親）にも優しい口調や対応をしてほしい」と具体的に、ママとしては勇気を持って伝えたところ、パパは、ハッと気づき、長年、実家で染み込んできた言動・行動を、改める気持ちになりました。

また、産前産後のママのココロとカラダの変化について、自分で勉強していたパパは、「産後のママの心身を全力で支えます」と力強く言っていました。非常にハートフルで、主体的に動くパパでしたが、一方、ママは「私の心配も嬉しいけれど、もっと自分の心身もいたわってほしいです。パパが倒れたら、誰が赤ちゃんとママのケアやサポートをすることになるのか…」と具体的に、パパに、心配の種を伝えていました。

このように、妊娠中・出産前の期間に、夫婦の「話し合い」「対話」の機会・時間（量）をとり、内容（質）も向上・シェアしていけば、〝産後〟に向けた夫婦のパートナーシップの構築に寄与すると思います。そして、この「話し合い」のワークが、その一助になればと思います。

育児体験談

「妊娠・出産前」という
“夫婦の期間限定の時間”

野崎聡司さん（女の子5歳、男の子2歳）

第1子の妊娠では、悪阻（つわりが重い症状）が大変な時もあり、また、どんどん妻のお腹も大きくなり、私は、パパとして、夫として、妻のために、色々してあげたいし、もっといっぱいサポートしていかなければいけないと自覚し、よく一人の時間（通勤中、帰宅中、入浴中…）に、考えていました。例えば、料理を作ってあげたい、ベビーグッズや妻のマタニティーグッズを一緒に見に行きたい…。

色々、考えやアイデアは浮かぶ中、どれを妻は、喜んでくれるか、受け入れてくれるか、確信を持てなかった私は、妻とよく「話し合い」「対話」をするように心掛けました。お互い休みの時は、カフェやレストランで、仕事の時は、寝る前のリラックスしている時など、何気ない話も含め、話し合いをしました。

その話し合いで、悪阻で腰や背中が痛い時はさすってほしいとか、産後に向けて、料理をできるようになってほしいとかなど、「妻が具体的に、私にしてほしいこと」を共有していました。

「妊娠・出産前という二人だけの期間限定の時間」、あの時間に、いっぱい対話できたことは、今のパートナーシップにも繋がっている気がします。まさに、“産前”産後は「“夫婦のパートナーシップ”のスタートダッシュ」だと思いました♪

第4章

産後の育児・家事の現実を知る

育児のポイント

赤ちゃんは〝泣く〟ことで、要望を伝えてくれる

赤ちゃんは、パパママに、何かお願いしたり、何か伝えたり、何か希望がある時は、声に出して言うことはできません。全て、〝泣く〟ことで、願望や要望をパパママに伝えてくれます。赤ちゃんの時は、食事・睡眠・排泄などが主な生活リズムで、成長とともに、ベビーカーでの散歩や簡単な手遊びなどするようになります。では、〝どういう時〟に泣いて、知らせてくれるのでしょうか。

まず、食事のシーンですが、赤ちゃんが〝泣く〟一番の理由は〝お腹が空いた時〟だと思います。おっぱいやミルクを飲んで、自分のお腹を満たすと泣き止み、ほっとした顔になる瞬間は、パパママもほっこりする瞬間です。

次に、睡眠です。赤ちゃんは〝眠い時〟や〝眠くても眠れずに寝ぐずったりする時〟など、さまざまなシーンで、パパママに泣いて教えてくれます。寝かしつけは、どのパパママも経験するもので、大変さ・ツラさは、ここで論ずることではありませんが、その寝かしつけのコツなどはP102に詳述していますので、少しでも参考になれば幸いです。

あとは、うんちやオシッコでオムツが汚れてイヤな時に、泣いて教えてくれる排泄のシーン、夕方の〝シクシクたそがれ泣き〟（P104詳述）のシーンなど。他にも多くの場面で、赤ちゃんは〝泣く〟ことで欲求や願望を伝えてくれます。

「授乳」以外、パパは何でもできる！

赤ちゃんへの「授乳」は、ママにとって、赤ちゃんとの愛情形成を促進する大事なコミュニケーションです。しかし、産後のママのカラダとココロは、変化や疲弊がある中、この授乳を夜中にやったり、睡眠が細切れで寝不足な中やったり、と大変な時もあります。なので、パパには「授乳以外は〝パパ〟は何でもできる」ということを、〝妊娠中・出産前から〟産後に向けて意識しましょう。その実務編はP80〜で紹介しているので、楽しくご覧ください。

特に、パパは「ミルク作り」をしましょう。ミルク作りの詳細に関してはP88〜に詳述しているので、ここでは「ミルクのタイミング」について、お伝えします。

例えば、赤ちゃんが約3時間おきの授乳だとすると（授乳のリズムが形成されるのも生後3カ月頃からと言われています）、夜中0時にママが授乳し、その後は、夜中3時、早朝6時…と約3時間毎のサイクルになります。この3時間おきの中にも、赤ちゃんのゲップ補助、おむつ替え、寝かしつけですぐ寝る時もあれば、寝ない時もあるなど、やることは色々あります。なので、授乳を終えたママは、目を閉じ、横になって休んで、次の授乳のタイミングは、パパがミルクを作り、赤ちゃんにあげるなど臨機応変な対応をしながら、サポートし合っていきましょう。

オムツ替えの心得

オムツ替えは赤ちゃんが動くなど慣れるまで少し大変ですが、慣れてくるとスムーズにできるようになります。常に赤ちゃんの表情や反応に注意を払い、声をかけながら、やさしく行うことが大切です。オムツを替える前と後は手をしっかりと洗いましょう。

❶準備

オムツ、おしりふき、オムツ交換シート、予備の衣類を用意します。オムツ交換シートの上に、オムツを広げておきましょう。

❷オムツを外す

オムツを外す前に、手をこすり合わせて温めてから赤ちゃんのお腹に触れ、寒さを感じさせないようにします。オムツを外すときには、足首を引っ張り上げるのは股関節脱臼の危険があるのでNG。おしりを支えながら持ち上げるようにします。

❸おしりふきの使い方

アルコールや香料の入っていないおしりふきを使い、やさしく拭き取ります。

女の子の場合は、前から後ろに向かって拭き、男の子の場合は、後ろから前に向かって拭きます。男の子の場合は、おしっこが飛んでくることもあるので、ティッシュなどで覆ってあげると防ぐことができます。

❹新しいオムツを装着

オムツのサイズが適切であることを確認し、しっかりと脚まわりや腰にフィットさせます。おなかは指1本入るくらいが目安です。脚のゴムが内側に折り込まれていないかも確認します。

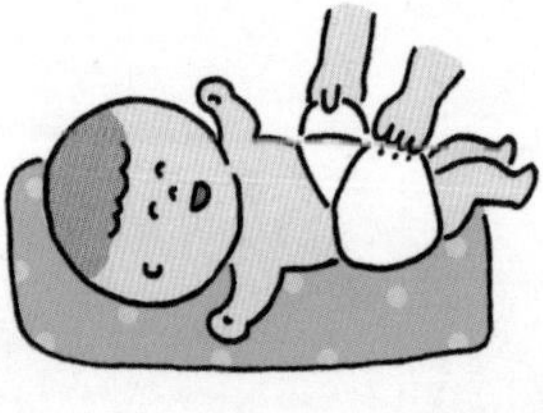

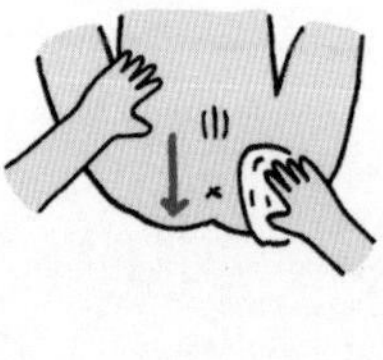

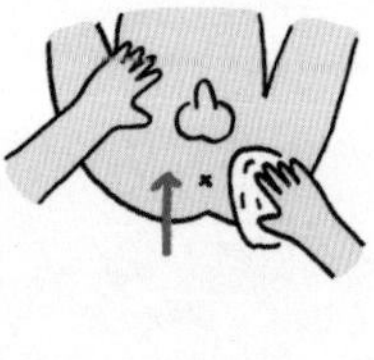

うんちの色で健康チェック

赤ちゃんのうんちの色や形状は、健康状態を知るための一つの手がかりとなります。ただし、個々の状態は個人差があり、特に新生児期は食事の変化や成長に伴って変化することが一般的です。重要なポイントは、赤ちゃんのうんちが急激な変化を示す場合、または他の症状と合わせて異常が見られる場合には、早めに小児科医に相談することです。

・**新生児の初期のうんち**：新生児の最初の数日間は、非常に濃い緑色や黒いうんちが出ることが一般的です。これは胎便と呼ばれ、次第に変化していきます。

・**母乳育児の場合**：うんちは黄色っぽく、マスタードのような柔らかい形状になります。これは正常な状態です。

・**ミルク育児の場合**：うんちの色は明るい黄色から茶色っぽくなります。また、形状は柔らかいことが一般的です。

・**変色に注意**：うんちが異常な色に変わった場合は、注意が必要です。白くなったり、黒っぽくなったりする場合は、消化や吸収に問題がある可能性があります。母子手帳の便色カードを確認して、小児科を受診しましょう。

・**血便や粘液に注意**：うんちに血が混じったり、粘液が見られる場合は、感染症やアレルギーのサインかもしれません。すぐに小児科医を受診してください。

先輩パパテクニック

オムツ替えは
知能戦

柴田　剛さん

わが家のオムツ大戦争が勃発するのは、決まって入浴後です。2歳の次男は、なかなかお風呂上がりにオムツをはいてくれません。漏らしてしまったり、風邪を引いても困るので、必死になって追いかければ子どもも楽しくなり、戦いに拍車がかかります。しまいには頭にかぶって遊ぶ始末……。

そんなときは「あれ？〇〇ちゃん、ひょっとして自分でオムツはけるの～？」と声を掛けると、なんでも自分でやりたい2歳さんは「ウン！」と二つ返事で頑張ります！ 後ろ前逆はご愛敬！ 自分でできてご満悦です。あっという間にすぎる貴重なオムツの期間で、あと何回見られるか楽しみです。

着替え

着替えの際には、愛情を込めて声をかけたり、笑顔を見せることで、赤ちゃんとのコミュニケーションを深めることができます。

❶準備：着替えるもの（オムツ、ボディスーツ、ロンパースなど）、おくるみ、清潔なおしりふき、オムツ替えシートなど、必要なものを用意します。

❷寝かせるか立たせるか：新生児期は寝かせたまま着替えさせますが、お座りやたっちができるようになったら、赤ちゃんの好みに合わせて、座らせたまま、立たせたまま着替えさせましょう。

❸服を脱がせる：声をかけながら赤ちゃんの服をゆっくりと脱がせましょう。赤ちゃんは頭が大きいので、首まわりが大きめ、または肩にボタンがあるウェアなどスムーズに着替えさせられる服

を選ぶといいでしょう。

❹オムツ替え：おしりをきれいに拭き、清潔なオムツに替えます。おしり拭きでおしりが湿った場合は、ティッシュなどで押さえるように水分をふき取ってからあたらしいオムツをつけます。かぶれがある場合は保湿も忘れずに。ひどいかぶれがあれば、早めに小児科を受診します

❺洋服を着せる：季節や室温に合わせた服選びが大切です。

・朝起きた時の着替えのポイント

寝ている間に汗ばんでいたら、体全体を優しく清拭します。特に首の後ろや指の間、足の裏などにも注意を払います。

・お風呂上がり時の着替えのポイント

冬場は着替えの場所や部屋を温かくしておきましょう。新生児期や冬場は乾燥しやすいので、保湿ケアをしっかり行います。赤ちゃん用の保湿ローションやクリームを使いましょう。

・汗をかいた時の着替えのポイント

特に首の後ろや股間など、湿った部分を優しく拭き取ります。柔らかいタオルやおしりふきを使用し、こすらずに押さえるように拭くのがコツです。

・うんちやおしっこで汚れた時の着替えのポイント

汚れた服は軽く下洗いをするといいでしょう。重曹を混ぜた水に浸してから洗濯すると汚れがしっかり落ちます。

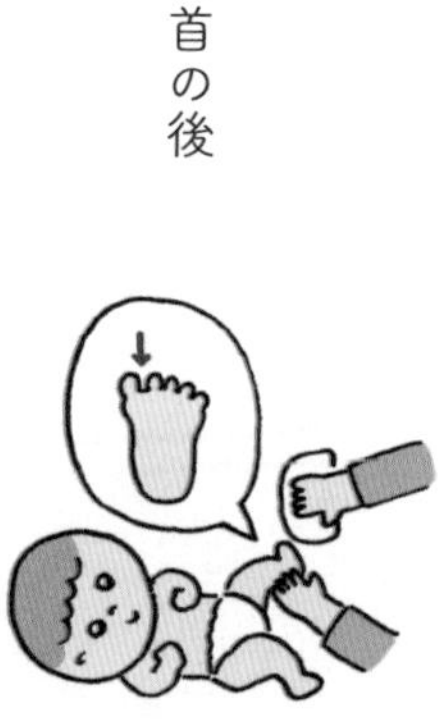

先輩パパテクニック

鉄道おもちゃのDVDに頭が上がりません☆

土屋　悟さん

わが家の家族構成は私と妻、そして4歳の長女と2歳の長男がいる4人家族です。私と妻は付き合う前からほとんどテレビを見ない生活を送っていたため、家族の時間もテレビは全く見ないんです。

そんなわが家ですが、保育園登園前の着替えは大騒ぎ。子どもたちが着替えを嫌がることもしょっちゅうです。そんな時に助けてくれるのが幼児向け通信教育教材のキャラクターや鉄道おもちゃのDVDなのです。

子どもたちにとっては一日で唯一テレビが見られる瞬間ですし、じっと見ているので着替えもスムーズ。一緒にお着替えできるのもいつまでかな…と考えると目頭が熱くなるパパなのでした。

ミルク作り

ミルクはビタミンやミネラルがバランスよく含まれていて腹持ちがよいとされています。母乳だけの場合は不要ですが、ミルクからも赤ちゃんの成長に必要な栄養素をしっかりとることができます。なお、赤ちゃんの月齢によって栄養成分が異なりますので成長段階に合ったミルクを選びましょう。

粉ミルク・液体ミルクの選び方

使用頻度や場面にあわせて選びましょう。

- **缶**：価格は手ごろですが、外出時など持ち運ぶ場合は詰め替えが必要です。
- **携帯用スティック・キューブ型**：価格は割高ですが、1回分が分かりやすく使い勝手がよく、お出かけなどにも便利です。
- **液体ミルク**：価格が高いですが、外出時や災害時用に便利です。最近は缶や紙パックにアタッチメントをとりつけ、そのまますぐに赤ちゃんにあげられる製品もあり、利便性が向上しています。

粉ミルクの作り方

❶粉ミルクをほ乳ビンに入れる

ほ乳ビンは薬液や煮沸、電子レンジなどで消毒してから、粉ミルクを計量スプーンで計ってほ乳ビンに入れます。

❷70度以上のお湯を入れミルクを溶かす

沸騰した後の70度以上のお湯を3分の2程度入れます。縦に振るとお湯が飛びたす可能性もあるので、ほ乳ビンの底で円を描くようにして振って粉ミルクを溶かしましょう。

❸適切なメモリまで調乳用の水を入れる

湯冷ましなどを適量まで足します。

❹37度程度まで冷ます

水に浸すなどして十分に冷ましましょう。赤ちゃんにあげる目安は、腕の内側に1滴ミルクを落とし温かさを感じる程度です。

・なかなかミルクを飲まない時は?

混合の場合は、母乳だけでたりていることもあります。また、ほ乳ビンの乳首が合わない、ミルクの味が合わない、温度がいや、ミルクをあげる時間帯などもあるので、赤ちゃんを観察して対策しましょう。

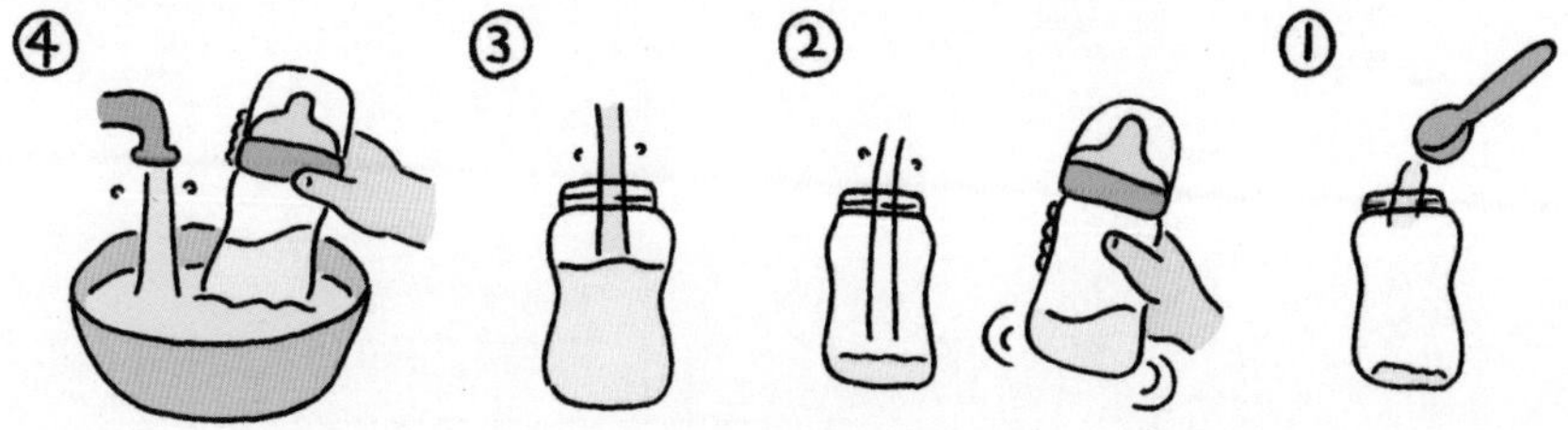

ほ乳ビンの選び方

ほ乳ビンにはさまざまな種類があり、それぞれ特徴や用途が異なります。ほ乳ビンの選択は、赤ちゃんの好みや親のライフスタイルによって異なります。使いやすさや清潔さ、耐久性などを考慮して選ぶと良いでしょう。

・**ボトル素材**／ガラス製は自宅使用向き、プラスチック製は持ち運び向きです。

・**ニップル（乳首）素材**／主にイソプレンゴム製とシリコンゴム製の2種類がありますが、より熱に強く耐久性が高いシリコンゴムが好まれています。

・**ニップル穴の形状**／月齢や飲むほ乳力によって使い分けましょう。

・**その他いろいろな機能**

広口ほ乳ビン：哺乳乳首が広口であるほ乳ビン。粉ミルク

表　ボトル素材

	良いところ	悪いところ
ガラス	○ 高い耐久性 ○ 洗浄が楽 ○ 液体が冷めやすく調乳時間が短い	× 重い × 落下で割れる可能性がある
プラスチック	○ 軽量 ○ 落下衝撃に強い	× 液体が冷めにくく調乳に時間がかかる

が入れやすく、洗浄がしやすい。また、授乳時に母乳に近い感覚を提供しやすいです。

ストローボトル：ハンドルやストローがついたデザインのほ乳ビン。赤ちゃんが自分で持って飲みやすい。

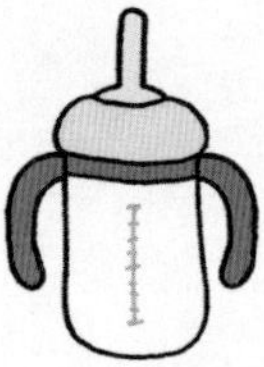

表 ニップル穴の形状

	特徴
丸穴（Oタイプ）	哺乳びんを傾けただけで自然とミルクが出てくるため、新生児や生後 2〜3 カ月などの**吸う力が弱い時期の赤ちゃん**に適している。
スリーカット（Y型）	吸う力によってミルクの出てくる量が異なる。**ある程度のほ乳力がついてきた、生後 2〜3 カ月以降の赤ちゃん**に使用することが多い。
クロスカット（X型）	**しっかりとほ乳力が備わった頃**からの使用が推奨される。スリーカット以上に吸うときの力加減で出てくる量が異なるため、吸う力が弱い赤ちゃんには適さない。

ほ乳ビンの洗い方

❶ほ乳ビンの分解

ほ乳ビンは分解して洗います。乳首、キャップ、リング、ボトル本体などに分解することで、細部まで確実に洗うことができます。

❷ほ乳ビン用洗剤を使って洗う

ほ乳ビン用洗剤を使用し、ほ乳ビンブラシを使って細かい部分まで洗います。特に乳首やキャップの内部など、汚れがたまりやすい部分は十分に注意します。

❸よくすすぐ

洗剤の残りをよくすすぎます。残留洗剤が赤ちゃんにとって害になることがありますので、十分にすすぐことが重要です。

❹除菌・滅菌

ほ乳ビンは生後半年くらいまでは、消毒が必要です。消毒方法には煮沸消毒・薬液消毒・電子レンジ消毒の3つがあります。特に新生児期の赤ちゃんは感染症に弱いため、清潔さを保つことが重要です。

❺乾燥

洗ったほ乳ビンは清潔な乾燥した場所で十分に乾かします。濡れたままで保管すると、雑菌が繁殖する可能性があります。

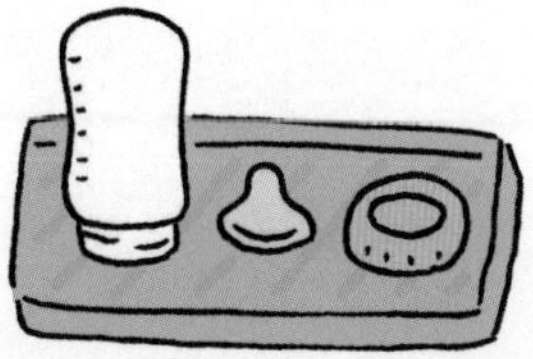

ゲップ補助

赤ちゃんは授乳中に空気も吸い込んでしまいます。そのため、授乳後にはおなかの空気を出させるために、ゲップをさせることが必要です。

ほ乳ビンでミルクを飲ませる場合：ほ乳ビンの傾きを調整し、空気の吸い込みが少なくなるように乳首の部分がミルクで満たされるようにして授乳します。

抱っこのゲップ：赤ちゃんを縦抱きにして、赤ちゃんのあごを肩に乗せるようにします。肩に手を添え、お尻を手のひらで支え、背中を上方向にやさしくさするとゲップしやすくなります。

ゲップのさせ方：赤ちゃんの背中をやさしく叩いてゲップを促します。力を入れすぎないように注意します。

ゲップが出ない時：ゲップが出ないこともあるので10分〜15分以上さすったり叩いたりする必要はありません。ゲップが出ないときはミルクを吐き戻してしまうこともあるので、赤ちゃんを寝かせるときには、窒息を防ぐために横向きに寝かせるようにしましょう。

先輩パパテクニック

ゲップを出そう！ から
行き着いた境地

蓮沼桜雲さん

1人目の育児は全てが手探りで分からないことばかり。そんな中でもミルクをあげてゲップを出す背中トントンは自分なりに努力をするのですが、ゲップを出そうとすればするほど出してくれない…。諦めて妻へバトンタッチすることもしばしばでした。

しかしながら2人目、3人目と育児経験を積む中で育児力も上がり、行きついたのは「ゲップは出そうとしない。ただ無心でトントンするだけ」という極意。その境地に行き着くと、赤ちゃんも安心するのか自然とゲップをしてくれるのだから不思議なものです。卒乳した今となっては、またトントンしたいと思ってしまう今日この頃です。

沐浴のしかた

生まれたての赤ちゃんの肌はとってもデリケートなので、退院しても生後1カ月頃までは、ベビーバスなどで、赤ちゃんだけをおふろに入れる「沐浴（もくよく）」をしましょう。赤ちゃんを片手で支えながら沐浴するため、ママより手の大きいパパが大活躍できる場です。最近は沐浴便利グッズも多くあるのでうまく活用しましょう。

❶準備

・**用意するもの**：沐浴用のバスタブ、温水、ベビーソープ、ベビーシャンプー、ガーゼ、柔らかいタオル、おむつ、清潔な洋服、ベビーローション、ベビーオイル、綿棒などを用意します。

・**室内の温度調整**：温度を快適に保ちます。通常の室温よりも少し暖かい程度が良いでしょう。

・**湯温の確認**：大人よりぬるめの38~40度前後が適温です。手首や肘の内側で確認し、赤ちゃんに快適な温度かどうか確認します。

❷着替えをセット

沐浴後に赤ちゃんが湯冷めしないように、事前にタオルや着替えな

どを広げて準備しておきましょう。

❸お湯に入れる

赤ちゃんの耳に水が入らないように手のひらで首の後ろから支え足先から静かに入れ、肩まで十分つかるようにします。沐浴布を体にかけてあげると赤ちゃんも安心し落ち着いて入浴できます。

❹顔を拭く

ガーゼをお湯に浸してぎゅっと絞り、円をえがくように優しく顔を拭きましょう。

❺頭を洗う

頭全体をベビーシャンプーでなでるように泡立てて洗いましょう。洗い終わったらお湯で流し、シャンプーをしっかり落とします。

❻体を洗う

胸やお腹を手のひら全体で優しくなでるように洗いましょう。特に首や脇の下、手の中、股など丁寧に洗いましょう。

❼**背中を洗う**

赤ちゃんをうつぶせにし腕で支えながら背中とおしりを洗います。赤ちゃんをうつぶせにするのが怖い場合は、上向きのまま洗っても大丈夫です。

❽**拭く**

用意しておいたバスタオルの上に赤ちゃんをそっと下ろし、タオルで軽く押さえるように拭いていきます。

❾**保湿**

ベビーローションやベビーオイルを使って赤ちゃんの肌を保湿します。特に乾燥しやすい部分は重点的にケアします。

❿**服を着せる**

おむつをはかせ綿棒で耳やおへそをケアし、服を着せましょう。

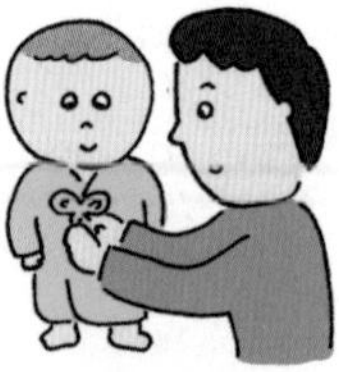

沐浴の注意点

・**授乳直後や空腹時を避ける**：母乳やミルクを飲んでおなかがいっぱいの時は吐き戻しをしてしまうことがあります。また、沐浴は赤ちゃんの体力をつかうので空腹時も避けたほうがよいと言われています。

・**毎日同じ時間帯に沐浴する**：赤ちゃんの生活リズムをつくるため毎日できるだけ同じ時間帯に入れてあげましょう。

・**体全体を観察する**：赤ちゃんを裸にするので肌の湿疹や痣、爪が伸びていないかなど、体の様々な変化に気づいてあげられるよい機会です。

・**10分程度で沐浴する**：体温調節機能がまだ発達していない赤ちゃんは冷えやすいため、素早く沐浴を行うことが重要です。着替えもスムーズに行えるよう準備をしておきましょう。

・**場所は浴室でなくともOK**：ベビーバスが使えればキッチンや洗面台でも沐浴が可能です。むしろ高さがあり立ったまま腰の位置で洗うことができるので、体への負担がかかりにくいです。

沐浴は赤ちゃんをきれいにすることだけでなく、声をかけながらスキンシップを取ることもできる大切な時間です。日頃忙しいパパほど沐浴を行うことをおすすめします。

保湿について

赤ちゃんの肌は薄くてデリケートです。皮脂の分泌量も少ないため乾燥しやすく保湿が必要です。特に冬場の乾燥は大敵のため、ベビー用の保湿クリームなどでその時の赤ちゃんの肌の状態に合わせたスキンケアをしてあげましょう。赤ちゃん肌を保湿することで、アトピー性皮膚炎の発症リスクが3割ほど抑えられるという研究結果もあります。

保湿アイテム

ベビークリーム：油溶性成分の配合が多く、少しベタつくが効果の持続性が高い。寒い季節など乾燥が気になる時におすすめ。

ベビーローション：水溶性成分が多くサラッとしている。のびがよいため全身に塗りやすい。夏場や軽めの乾燥時におすすめ。

ベビーオイル：油分で肌の表面に膜をつくる保湿剤。ローションのような浸透性はないため、肌にうるおいを与える力は弱いが、うるおいを閉じ込める効果は高い。塗りながらベビーマッサージなどを行う時に使用される。

ベビークリームの塗り方

顔からつま先まで部位ごとに丁寧に塗ると塗りムラを防ぐことができます。おむつでかぶれやすいもものつけ根やひざ裏や足首など関節と付け根部分は特に要注意です。くびれを広げて塗りましょう。体はまず点々とベビークリームを指でつけてから手のひらで伸ばすと塗りやすいです。

・狭い範囲で試す

腕や足など一部分に少し塗り、赤みや腫れ、かゆみなどのアレルギー反応の有無を確認してから使用しましょう。

・塗り方を工夫する

季節や肌の状態、部位によって保湿剤の使い分けをして乾燥が酷いときは重ね塗りするなど工夫すると良いでしょう。

・お風呂上がりは5分以内

お風呂あがりは肌のうるおいを保つ成分が流れて乾燥が進みやすくなるので、体を拭いたら素早く保湿剤を塗りましょう。

寝かしつけ

寝かしつけは子育ての中でおそらくトップクラスに大変な育児タスクではないでしょうか。赤ちゃんが思うように寝てくれず何時間も苦戦することはよくあることです。寝かしつけは個々の赤ちゃんによって異なりますので、赤ちゃんの寝つきの好みをよく観察しながら、いろいろ試してみることが大切です。

寝かしつけのヒント

❶**体温調整**：赤ちゃんは生後28日あたりまで、体温調節が未熟なため、気温の変化に敏感に反応してしまいます。おくるみなどを使用して外気からの影響を受けにくくし、安定した体温調整を心がけましょう。

❷**室温調整**：睡眠時の適温は夏は26～28℃くらい、冬は室温20～25℃くらいです。

❸**部屋の暗さ調整**：夜は暗く、寝る時間には明るすぎない照明を使用します。赤ちゃんは暗い環境が寝やすいと感じることがあります。

❹**抱っこしながらユラユラ**：よく抱っこして街を歩いてると、知らぬ間に赤ちゃんが眠っていることがあります。家で寝かせるときも抱っこしてその場で足踏みをしたり、ユラユラと赤ちゃんの居心地の良いリズムを探してみましょう。

先輩パパテクニック

どんどん重くなるし、夜泣きも増えるし…

竹内洋介さん

日中ずっと子育てを頑張っているママに少しでも休んでほしくて、夜の寝かしつけはパパの出番になることも。抱っこしたまま、膝を深～く曲げてスクワット30回×〇セット。サッカー部だった頃の筋トレを思い出します。

日に日に重くなるわが子。8カ月を過ぎると、腰痛持ちの私は耐えられず、ヒップシートを購入。1歳を過ぎると、今までほとんどなかった夜泣きが毎日発動。疲れでついイライラしながら寝かしつけても、全然寝てくれません！ 赤ちゃんにも気持ちは伝わるんですね…。反省と後悔の日々です。

寝かしつけ後は電気マッサージをすることにして、毎日楽しくなんとか乗り切っています。

夕方の〝シクシクたそがれ泣き〟の補助

たそがれ泣きは、夕方から夜にかけて赤ちゃんが突然激しく泣きだしたり、ぐずってなかなか泣きやまなかったりする状態です。一般的に生後3～4カ月頃から始まり、数カ月でおさまるといわれています。

原因：夕方になると日中の活動の疲れが積み重なり不安やイライラの感情が増すと言われています。また、自律神経が朝と夜の切り替え(交感神経↓副交感神経)を行うときに身体が上手く対応できないためなどが考えられますが、原因ははっきりしていません。

対処法：赤ちゃんが泣きやまない場合、抱っこやスキンシップを通じて安心感を与えることが効果的です。親のぬくもりや声は赤ちゃんにとって安心材料となります。

回避策はゆとりあるスケジュールです。夕方から夜にかけては、無理のないスケジュールにしましょう。慌ただしい状況は、赤ちゃんを不安にさせることがあります。

夕方の時間帯はごはん作りなど家事のピーク時間でもあり、たそがれ泣きに対応するにはパパママの協力は不可欠です。たそがれ泣きがあることを理解して生活スケジュールをたてましょう。

たそがれ泣きにとことん付き合う気持ちで準備していればストレスは大きく軽減されます。

先輩パパテクニック

一緒にたそがれた時間が 子育ての支えに

岩渕聖矢さん

我が家には子どもが3人います。たそがれ泣きが激しかったのは第2子で、1カ月半ほどの間、毎回全力の〝ギャン泣き〟が続いていたと思います。激しく泣き続けるわが子をみて、「お腹が空いたかな」「抱っこかな」など試行錯誤の日々を過ごしました。

どうしても泣き止まない無力感に、精神的に追い詰められてしまうこともありましたが、辛い時は赤ちゃんを抱っこしながら、考え事や赤ちゃんとの楽しい時間を思い出して過ごしました。

「どうして泣いているんだろう」と考え続け、子どもと向きあった時間が、父親としての成長につながり、子育てを楽しむ根っことなっています。

赤ちゃんにたくさん話しかける

赤ちゃんの時期はたくさん触れて、話しかけることで愛情が伝わります。赤ちゃんへの声かけは、親子のコミュニケーションを豊かにし、赤ちゃんの成長や発達にポジティブな影響を与える重要な行動です。愛情と優しさを込めて声をかけることで、赤ちゃんは安心して成長することができます。

とはいえ、どのように声かけしたらいいでしょうか。まずは「今していることの実況中継」をしましょう。「おしっこ出たからおむつを替えるね」「お風呂にはいろう」「お着替えするよ」など、その時の状況を言葉にすればよいのです。そうすると何を話そうかと迷うことはなくなるでしょう。

次におすすめするのが「気持ちを共感して言葉にする」です。目の前にあるものや様子を赤ちゃんと共感してみましょう。「お腹が減ったかな」「空がきれいだね」など赤ちゃんがどんなことを思っているのか考えて話しかけてみるのも面白いです。

そして赤ちゃん言葉を使う必要はありません。さすがに他の人に聞かれると恥ずかしい思いをするかもしれません(笑)。赤ちゃんならではの反応は今しか見ることができないものです。ぜひ、声かけしながら赤ちゃんとの時間を楽しんでください。

お風呂に
入ろう

赤ちゃんとの遊び

スキンシップと言葉がけを楽しむ

赤ちゃんとの遊びは、スキンシップと言葉がけ。成長と発達に対して重要な役割を果たします。五感を刺激することで感覚器官が発達し、運動や認知、言語の能力向上を促進します。0歳児は身体的にも精神的にも大きく成長しますので発達に合わせた遊びを日々の生活に取り入れ、遊びながら赤ちゃんを楽しませましょう。そして**赤ちゃんを楽しませるコツはパパ、ママが楽しむこと**です。

・いないいないばあっ

生後3カ月あたりから記憶機能が発達してくるため、いないいないばあで笑ったり、声を出して反応するようになってきます。「もうすぐ出てくる、出てくると思わせておいてやっぱり出た」という期待をさせておいて、最後に期待した結果が起こることが面白いようです。「ばあ」と同時に驚いた顔や変な顔などいろいろな表情で見せると表現が広がります。時には予想以上の喜びの表情を見せてくれますので最高の反応を楽しみましょう。

声がけのポイント

赤ちゃんはパパ、ママなど意味のある言葉が出てくるようになるまで生まれてから1年近くかかるわけですが、0歳の時期に言葉の発達やコミュニケーションの基礎作りは始まっています。

赤ちゃんは生まれる前から耳が聞こえ、声の聞き分けができると言われています。はじめは声をかけても反応がないように見えますが、赤ちゃんのちょっとしたしぐさや声に対して声がけすると、赤ちゃんは「また声を出してみたい」と思うようになり、相手の反応を認識して、「またやろう」となります。そういう繰り返しの中で、赤ちゃんは「相手に対して何かを伝えたい」という気持ちを持ち、だんだんと言葉を発したいという意欲に繋がります。このように0歳の時期の声がけが非常に重要なことは心に留めておきましょう。

声がけのポイントは**優しくゆっくりシンプルな言葉で、同じ言葉やフレーズを繰り返す**ことを意識しましょう。赤ちゃんが反応する言葉や声のトーンなどが見つけられたら、それを繰り返し語りかけてあげることでふれあい時間が楽しいものになります。

抱っこはお世話でありスキンシップ

赤ちゃんを長時間抱っこすることは日常的によくあることです。そのため、いかに自分の体の負担を軽くしながら、赤ちゃんを安全・快適に保持できる抱っこができるかが重要です。また、赤ちゃんは匂いが認識できるのでパパは新生児のうちからたくさん抱っこすることで、ママだけでなくパパの匂いは落ち着く匂いだと赤ちゃんにわかってもらいましょう。

赤ちゃんを強く揺さぶったり、空中で振り回したりすることは危険ですのでやめましょう。

・横抱き

首がすわる前は横抱きにします。腕全体で輪を作り、包み込むように抱きます。パパ、ママの顔が見えるので赤ちゃんは安心します。ポイントは赤ちゃんの背中がゆるやかなCカーブに沿うように、腕の中にぴったり納まるように抱っこすることです。

・縦抱き

首がすわって背筋もしっかりしてきたら、片方の手で赤ちゃんの頭と首を支え、胸や肩のあたりに引き寄せます。もう片方の手はお尻にあてて支えます。ポイントは腕の上に赤ちゃんを座らせるようにのせ、身体を密着させることです。

体に触れる

スキンシップは生後0カ月からできる親子の重要なコミュニケーションで成長ホルモンの分泌を促す働きがあるとも言われています。衣類の上からや肌に直接でも、たくさん触れて、親子の信頼関係を育てましょう。**赤ちゃん特有の匂いや触感はこの時期限定の特別なもの**ですのでスキンシップで親子共々幸せになれます。

〔新生児～6カ月ごろ〕

体に触れられる刺激が、自分の体の興味につながるので、体のいろいろな場所に触れてあげるといいでしょう。次第に、自分で体を動かしたり触ったりして遊ぶようになっていきます。

・顔を指でツンツン
・ほっぺ同士をピタッと合わせる
・足の裏や背中をコチョコチョ
・おなかに口を当て息を吹きかける
・指でとことこ人差し指と中指で交互に動かして移動する
・（首がしっかりすわったら）高い高い

目を合わせ、微笑む

笑うことは赤ちゃんの成長に効果的です。たくさん笑うことでどんどん脳が発達します。日々の生活や遊びの中で赤ちゃんと目を合わせ微笑むことを意識しましょう。赤ちゃんはパパ、ママのすることをよく見ているので上手に真似をします。

新生児の視力は0.01程度で30cmほどのものがぼんやり見える程度です。そして3カ月頃から0.1くらいに上がり立体感や遠近感もわかるようになると言われています。目を合わせる時は顔をなるべく近づけるのがおすすめです。

パパやママが毎日笑顔でいることが、赤ちゃんの笑顔を引き出すポイントです。

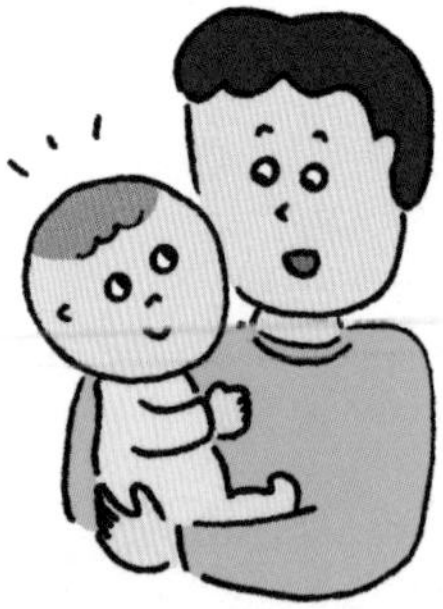

育児体験談

高い高いは
期間限定のゴールデンタイム

寺尾雄二郎さん（男の子22歳、男の子12歳）

今となっては、やりたくてもできなくなってしまった肩車と高い高いは、懐かしい思い出です。息子たちがそれぞれ3歳くらいまでの間、ずっとやりました。私の身長は182cmと高い方なので、息子たちと出かけた時には断トツでリクエストが多かったし、とっても喜んでくれました。

息子たちを肩車する時、一番気をつけたのは、地面に体が落ちないようにしっかりと両足を掴んだことでした。その時の息子たちの柔らかい両足の感触を今でも忘れません。肩車をして息子たちの体と自分が一体化している時間は、親子の絆を体感できるゴールデンタイムでした。

そして高い高い。息子たちを高い高いした時、「キャー！ キャー！」と必ず歓声があがりました。そして抱きかかえると「もっと！ もっと！」とアンコールの応酬。私の両肩が悲鳴を上げるまでエンドレスで続けたものです。

今は大きくなった息子に「肩車をやって！」と言われてもできません（笑）。それだけ成長した息子たちの姿を見て嬉しい反面、もしあの時に戻れるなら、もう一度、息子たちに肩車と高い高いをやってあげたいと、しみじみ思います。

「子育ては期間限定」とは、まさしくその通りです。子どもたちの笑顔のために、たくさんの肩車、高い高いをしてくださいね。

料理を楽しもう♪

ママのカラダの回復に料理は大事

次は「授乳以外、パパは何でもできる」の実務編・「料理」についてです。ママのために、料理を作るのも、〝妊娠中・出産前から〟産後に向けて意識をし、パパには実践してほしいです。パパが料理を作る大切なポイントとして、4点（P116）あると思います。1点目は「ママのカラダの回復」、2点目は「赤ちゃんを育てる素（もと）」、3点目は「産後うつ予防」、4点目は「家事力・生活力のUP」です。

まず1点目の「ママのカラダの回復」ですが、少し〝産後〟をイメージしてみてください。赤ちゃんとママが退院をして、自宅に帰ってきます。産後のママのココロとカラダは、変化や疲弊があり、また、ママには、赤ちゃんとの愛情形成を促進する大事なコミュニケーションである「授乳」（P79参照）があります。このカラダとココロの回復に努めなければいけない〝産後〟に、ママがキッチンに立って、料理をすることが非常に厳しいのは、想像に難くないと思います。

もちろん料理が得意・不得意と色々なパパがいますが、赤ちゃんとママが退院をする〝産後〟から「料理」をし始めるよりは、パパが産後に向けて、〝妊娠中・出産前から〟「料理」をすることの方が、料理の段取りや準備の経験も積めて、ママが好む料理のレパートリーも増えて、その家庭にとって、ハッピーなことが増えるでしょう。

また、食べることで「ママのカラダの回復」に繋がります。例えば、産後ママの授乳のエネルギー消費の観点から考えてみます。産後に授乳するママ（完全母乳10回〜12回授乳／日・赤ちゃんのほ乳量1ℓ／日と仮定）は1日で約700㎉も消費し、これは10㎞マラソンと同等のエネルギー消費量とも言われています。これを1か月に換算すると、〝310㎞のマラソン〟相当で、1カ月にフルマラソンを〝7回走る〟エネルギー消費に相当します（『ママと赤ちゃんにやさしい 産前・産後のボディケアとビューティーメソッド』本田由佳著より）。産後の授乳のエネルギー消費の側面からも、ママは栄養価の高いご飯をしっかり食べて、カラダを休めることが、いかに重要であるかがわかると思います。

次に、「赤ちゃんを育てる素（もと）」についてです。パパが、授乳中のママのために、エネルギーと栄養をしっかり摂れる料理を作ることで、ママから「美味しかったよ！」などの感謝の気持ちを貰ったり、ママのカラダの回復に寄与したり、そして、ママの母乳を通じて、栄養とエネルギーが赤ちゃんに行き渡ります。また、授乳をすることで、赤ちゃんの健やかな健康と成長、ママと赤ちゃんとの愛情形成、赤ちゃんの免疫力向上など、パパが作る料理は、ママと赤ちゃんのココロとカラダを温かく満たします。

ママの産後うつ予防にも食事は大事

次に「産後うつの予防」です。産後うつのサインには色々ありますが、その一つに〝食欲不振〟が挙げられます。例えば、パパの料理を美味しく食べていた産後のママが、ある日あるタイミングで、料理が喉を通らなくなったり、料理に手を付けないなどのケースがもし続いたら、パパや家族はママの心身の状態を、愛情深く見守り、適切な対応をとる必要があります。

最後に、「家事力・生活力のUP」です。パパ自身が料理をすることで、料理を含めた家事全般をこなす力が磨かれ、その後の家庭内の生活力も安定します。例えば、パパとママが両方とも料理ができるようになれば、どちらかが病気や体調不良な時に、元気なパパ（またはママ）が料理をすれば、家庭内をうまく安定させることができると思います。

以上のことから、パパは、ママのために料理を作ることを、〝妊娠中・出産前から〟産後に向けて意識をし、実行に移していきましょう。

★パパの'朝食'作りが1日のスタートに♪

パパは授乳以外は'何でも'できる
ご飯美味しかったよ♪ また、作ってね〜！
母乳：免疫力UP 愛情形成

- ママのカラダの回復
- 赤ちゃんを育てる素（もと）
- 産後うつ予防（産後うつのサインに食欲不振がある）
- 家事力・生活力のUPなど

先輩パパテクニック

ママから妊娠報告を受け、いざ料理教室に修行へ

野崎聡司さん

33歳まで実家暮らしで、ママとのお付き合いがキッカケで、初めて実家を出ました。でも、実家を出るまで、料理などほとんどやったことがなく、ママと結婚し、暮らし始めてからも、料理はママ任せでした。

そんな私でしたが、ママからの妊娠報告を受け、まず一番に始めたのが、料理を作ること。しかも、出産予定日もわかっていたので、短期間で集中的に習得するために、予定日の半年前から先生と1対1の「料理教室」に通いました。包丁も握ったこともなかったため、いちから包丁の使いかたを学び、先生にも「ママとお腹の赤ちゃんに栄養価に高い料理を学びたい」と想いを伝え、料理のレパートリーを増やしました。

家の掃除・収納スペースの確保

〝妊娠中・出産前から〟パパママは、周辺の環境や状況を「整える」ことが大切で、その一つに、「**家の掃除・収納スペースの確保**」があります。赤ちゃんのいる生活をイメージしながら、パパ友・ママ友から情報収集しながら、その〝作業〟を早め早めに行いましょう。

赤ちゃんが退院し、また、里帰り出産を終え、自宅に戻ると、ベビーグッズが必要になり、そのための、スペース確保や動線確保、清潔・整理整頓も、平行して必要になります。例えば、ベビーベッドです。大きいものになりますので、どこに置くのか、また、新調して購入するのか、レンタルするのか、それとも、布団で寝るのかなど、パパママで事前に、楽しく話し合っておきましょう。また、赤ちゃんを床の上に寝かせても痛くないように、プレイマット（ベビーマット）をどこに敷くのか、どこまで敷くのか、ベビー服やオムツの収納場所、赤ちゃんのおもちゃを置くスペースをどこにするのかなど、大なり小なりの整理整頓が〝妊娠中・出産前から〟必要になります。

赤ちゃんの成長に合わせて、モノが増えていきます。例えば、保育園入園の際は、園で使用する衣服や小物（エプロン、ハンカチなど）が非常に増えますので、この「**家の掃除・収納スペースの確保**」は、常に日々心掛けていきましょう。

育児体験談

「とうちゃん、おいしいよ！」の言葉に支えられ

川端賢一さん（男の子16歳、男の子14歳、男の子11歳、男の子8歳）

次男が誕生した際、約1カ月間育児休業を取得しました。妻は実家で次男と体力回復に努めたので、2歳になったばかりの長男は初めて母ちゃんと離れた生活になりました。

「育休も取ったし、長男のことは任せろ！」と気合十分で始まった育休生活。しかし、いざ始まってみると、なかなか思い通りにはいきません。中でも一番苦戦したのが「食事」。もともと料理のレパートリーは多くなく、「育休を機会に料理を勉強するぞ！」と思っていましたが、何かと育児に追われて勉強どころではありません。結果、毎日似たようなメニュー（ラーメン、焼きそば、パスタなど麺類が多かったなあ）となり、日々三食作ることがどんなに大変か、妻に頼り切っていたことへの反省しきりでした。

そんな中で、救われたのは、長男が文句も言わず、「おいしいよ」「いつもおなじでいいよ」と笑顔で食べてくれたこと。今思い出しても感謝でいっぱいです。

その長男も今や高校生。4人兄弟のリーダーとして頑張っています。自分はというと、今も妻と分担して夕食を作っていますが、相変わらずレパートリーは単調なまま。それでも父ちゃんに気を遣って、「おいしい」と食べてくれる子どもたちに感謝の日々です。

子どもの事故を防ぐために

0歳児の不慮の事故の最多は窒息

子どもが命を落としている不慮の事故は、平成28年～令和2年の5年間では窒息、交通事故、不慮の溺水が死因の上位となっています(厚生労働省人口動態調査)。

0歳児の事故は、0～14歳の事故の中の4分の1を占めています。一番多いのはベッド内での窒息です。うつぶせ寝をさせたり、ベッドの周りにぬいぐるみやタオルを置くことによる窒息死も起こっていますから、赤ちゃんが寝ている場所はなるべくすっきり保つことが大切です。

そのほか家の中では、風呂場で溺れるということも少なくありません。風呂場のカギを閉めておく、お湯を残さないことも心がけましょう。ベランダに出て転落してしまうこともあります。目を離さないことは不可能なので、手が届かないところに補助錠を付けるなど対策しましょう。

交通事故は1歳以上の死亡事故ですべて1位になっています。特に幼児期には、子どもだけ降ろして車を移動させたときに子どもをひいてしまうケースも少なくありません。子どもを乗り降りさせるときは必ず大人が一緒にいて、手をつないだり抱っこしましょう。

赤ちゃんの事故防止のポイント

1 ベビーベッドの柵は必ず使用し、ソファなどに赤ちゃんを寝かせない

赤ちゃんは寝返りできないと思っていても、泣きながら動いて転落することもあります。ベビーベッドは柵を必ず上げるようにし、短い時間でもソファなどに寝かせないようにしましょう。

2 ベビーベッドの柵とマットレスの間に隙間がないようにする

ベビーベッドの柵とマットレスや敷布団の間に頭が挟まって窒息する危険があります。どうしても隙間ができてしまう場合は、バスタオルなどを挟んで隙間をなくして使用します。

3 おもちゃは安全マークを確認し、成長に合わせて

赤ちゃんが使うもの全てに安全マークがあるとは限りません。PSCマーク、SGマーク、STマークなどの安全マークを確認しましょう。マークがついていても使い方や使用月齢が合っていないと事故につながるため、子どもの成長に合わせて使いましょう。

4 家具の角はクッションを使い、コンセントカバーを装着

赤ちゃんがつまずいてぶつかることがあるので、テーブルなど家具の角はカバーしましょう。コンセントで遊んでしまうこともあるため、コンセントカバーをつける方が安心です。

5 車でのお出かけはチャイルドシートを着用

赤ちゃんを車に乗せるときは年齢に合ったチャイルドシートを正しく取り付けて使用しましょう。チャイルドシートは車によってつけられるものが限られているので、事前に確認し適合するものを選びましょう。

6 赤ちゃんを残して外出しない

赤ちゃんが寝ているから大丈夫と、買い物に出かけたりするケースも見受けられますが、外出中に何か起こったときに、赤ちゃんを守ることができません。眠っているからと車の中に放置し、熱中症で亡くなる事故も後を絶ちません。「赤ちゃんも一緒」が大原則です。

参考文献：特別区「子供に安全をプレゼント」（母親・両親学級用）

離乳食・食事

ゆっくり笑顔で進めるのがポイント

離乳とは、母乳やミルクから、幼児食に移行していく過程のことです。おっぱいやミルクを吸うことから、食物をかみつぶして飲み込むことへ、食べるために動きを少しずつ練習していきます。

離乳食を始めるのは5～6カ月ごろですが、首がすわっている、支えると座ることができる、食べ物に興味がある（親が食べていると興味を示す）などが目安です。進み具合は個人差が大きく、順調だったのに急に食べなくなることもあります。

またせっかく作ったのにぐちゃぐちゃにされたり、投げられたりして、イラっとすることもありますが、怒鳴りつけると食事の時間がイヤになってしまいます。パパも一緒に「おいしいね」と声をかけながら、子どもの様子に合わせ少しずつ進めるのがポイントです。

「幼児食」は、離乳食を終えた1歳から5歳ごろまでの食事のことをいいます。堅さや味付けなど、子どもの成長に合わせた食事を与えることを心がけ、食事のマナーなども教えていきましょう。

離乳食のステップ

ゴックン期：5〜6カ月ごろ。1日1回。なめらかなポタージュ状のお粥1さじから始める。栄養は母乳やミルクから。ゴックンと飲み込む練習の時期。

モグモグ期：7〜8カ月ごろ。1日2回。舌でつぶせるかたさのものを与える。平らな離乳食用のスプーンを下唇にのせ、上唇が閉じるのを待つようにして食べさせる。

カミカミ期：9〜11カ月ごろ。1日3回。歯ぐきでつぶせるかたさのものを与える。食欲に応じて、離乳食の量を増やす。離乳食の後に母乳またはミルクを与える。

パクパク期：1歳〜1歳6カ月ごろ。1日3回と、2回程度の間食(補食)を必要に応じて与える。前歯でかじり取ったりして一口量を覚える。スプーンなど持たせてあげて。

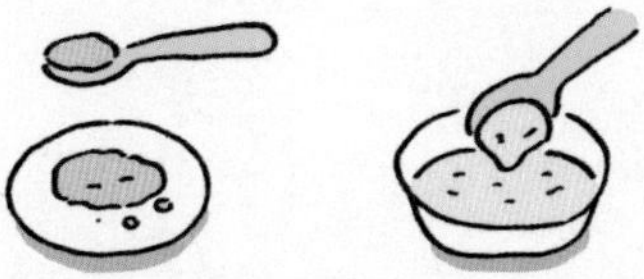

参考文献：厚生労働省「授乳・離乳の支援ガイド」

窒息を起こしやすい食品

丸くてつるっとしているもの

✕ ブドウ、ミニトマト、さくらんぼ、ピーナッツ、球形の個装チーズ、うずらの卵、ソーセージ、こんにゃく、白玉団子、あめ、ラムネなど

粘着性が高く、唾液を吸収して飲み込みづらいもの

✕ 餅、ごはんやパン類

固くて噛み切りにくいもの

✕ リンゴ、生のにんじん、水菜、イカなど

出典：日本小児科学会「食品による窒息 子どもを守るためにできること」

0歳児にはちみつはNG・窒息にも注意

はちみつは体にいい食材というイメージがありますが、ボツリヌス菌が含まれている可能性があります。腸が未熟な乳幼児は中毒を起こす心配があるので、1歳までは与えてはいけません。

また幼児期の食材による窒息も少なくありません。日本小児科学会が警鐘を鳴らしている食品もチェックしておきましょう。

1さじから与えるのは食物アレルギー対策

幼い子どもは消化機能が未熟なため、さまざまな食材に対してアレルギーを起こす可能性があります。成長と共に耐性がつくものもありますが、その後も続くケースもあります。

一昔前は、離乳食のスタートは果汁を与えることでしたが、生果汁がアレルギーを引き起こす可能性が指摘されています。厚生労働省の授乳・離乳の支援ガイドでも「離乳の開始は、おかゆ(米)から始める」とされています。

卵、牛乳、小麦はアレルギーを引き起こす原因となることが多く、乳幼児期の3大アレルゲンとも呼ばれています。新しい食材を与えるときには、1さじからが原則で、小児科があいている時間帯に与えるようにしましょう。おやつなどを与えるときも、原材料の表示を確認することが大切です。

食物アレルギーの症状

皮膚症状：蕁麻疹(じんましん)、かゆみ、赤み、むくみ、湿疹
粘膜症状：鼻汁(鼻水)、鼻閉(鼻づまり)、くしゃみ、口周りの違和感
呼吸器症状：咳、喘鳴(呼吸時にぜいぜいと雑音を発すること)、声枯れ、呼吸困難
消化器症状：嘔吐・はき気、下痢、腹痛
神経症状：頭痛、活気の低下、意識障害
循環器症状：血圧低下、不整脈、頻脈(心拍数が増加している状態)

出典：国立成育医療研究センター「食物アレルギー」

子どもの成長・発達と病気

成長・発達は個人差が大きい

赤ちゃんは1年の間にすさまじい勢いで成長していきます。生まれたばかりの時には、目はぼんやりと見える程度ですが、3カ月前後になるとパパやママの動きを目で追うようになったり、顔を認識したりします。首がすわって、腕をよく動かすようになり、腰がしっかりしてお座りできるようになり、ハイハイするようになって、つかまり立ちして、歩き始めます。

赤ちゃんによって体重や身長も違いますし、成長・発達には個人差があります。なんでも早くできるようになればいいということではなく、腰がしっかりしていないのにお座りの練習をしたり、足がしっかりしていないのに歩く練習をする必要はありません。子どもの様子を見ながらサポートし、できるようになったことがあれば「すごいね」「お座りできるようになったね」と笑顔で声をかけましょう。

子どもの平熱と平常時の元気度を知っておく

子どもが病気になった時に安心してみてもらえる、かかりつけのホームドクターを見つけましょう。小さい頃は病気にかかりやすく、週に何度か通うこともあるので、近い方がおすすめです。保育園からの帰り道や最寄り駅からのアクセスなど、チェックしましょう。

一番大事なのは、パパやママの心配ごとをしっかり聞いて、アドバイスしてくれる小児科医を見つけることです。子どもの平熱を知り、子どもの元気度をチェックしましょう。熱が少しあっても元気な場合もありますが、体温にかかわらずぐったりしている、顔色が悪いなどは要注意です。すぐに小児科で診てもらいましょう。

ホームドクター探しのポイント

・自宅や駅から近い
・パパ・ママの話を聞いてくれる
・心配ごとにしっかり回答してくれる
・赤ちゃんや子ども自身に声をかけてくれる
・スマホ予約ができるなど、待ち時間対応が充実している

乳幼児健診や予防接種

子どもの成長・発達を確認する乳幼児健診

乳幼児健診は正式名称を「乳幼児健康診査」と言います。子どもの健康状態を把握し、成長をサポートしていくために行われているものです。母子健康法で定められている乳幼児健診は、1歳6カ月健診と3歳健診の2つだけですが、自治体によって3〜6カ月児健診、9〜11カ月健診など複数回行われています。

生後1カ月健診では、主に赤ちゃんが生まれた産院でママの産後の身体の状況と、赤ちゃんの成長・発達のチェックが行われます。「母子ともに健康」ということになると、ママは湯船に入ることができ、赤ちゃんは成長によって大人と一緒のお風呂に入れるようになる子もいます。この1カ月健診のときには、ママの産後の診断がありますから、ママ1人で行くと大変です。できればパパが同行し、ママの診察時は赤ちゃんの世話をしましょう。

病気から守るために、しっかり予防接種を

予防接種を受けることによって、重篤な病気を予防したり、病気にかかっても軽い症状で済む場合もあります。

予防接種には、定期接種と任意接種があります。生後2カ月から予防接種が始まり、その後たくさんの予防接種を受けることになるので、パパとママとで手分けしてしっかり受けさせることが大切です。スケジュール管理が大変ですが、アプリなどもあり、またかかりつけの小児科で接種スケジュールを立ててくれることもあります。

定期接種：法律で国から強く推奨されている予防接種。費用は公費のため、定められた期間なら無料または一部負担となっている。

任意接種：原則自己負担の予防接種。希望者が各自で受ける予防接種だが、受けなくてもいいという意味ではない。

8 出産後の体制

体調管理、体力や生活リズムの管理

〝妊娠中・出産前から〟パパママが「整える」ことの一つに、「体調管理、体力や生活リズムの管理」も挙げられます。食事や料理の重要性は先述（P114～P116参照）しましたが、その食事のリズムについても、少し触れたいと思います。

さて、皆さんに一つ質問ですが、これから出産予定の病院の〝朝食〟の時間は何時かわかりますか（退院した方は、産院が何時に朝食を、ママに提供していましたか）。ぱっとわかる方もいれば、わからない方もいると思います。病院や産院に聞けば、すぐ答えてくれますが、先輩パパたちにも聞くと、大体、朝食の時間は〝7時〟過ぎくらいでした。夜中の授乳、夜泣きなどがあっても、このくらいの時間です。なので、妊娠中、産後もこの〝リズム〟を夫婦で、緩くて良いのでキープできるとよいでしょう。

また、パパの体調管理も、とても大切になってきます。例えば、「職場」で考えると、体調不良で仕事を休むことがあっても、周りの同僚やメンバーのフォローで、その仕事の穴埋めはでき、組織はスムーズに回ると思います。では、「家庭」はどうでしょうか。カラダとココロの変化や疲弊のある産後のママと赤ちゃんには、パパや家族のサポートやフォロー、お世話が必要なのは当然です。そのパパが体調不良で、「家庭」を戦線離脱してしまっては大変です。「仕事の替えは利いても、家庭の替えは利かない」、パパの役割は非常に重要です。早い段階(できれば妊娠中・出産前)から、パパとママには、体調管理のためにシンプルですが、「食べる」「寝る」、そして「話す(対話する)」ことが大切な3つになりますので、是非、心掛けましょう。

また、P18でも詳述した「男性の産後うつ」に関しても、「自分は〝産後うつ〟はないと思うから、平気かな」と思わず、是非、そういう事実があるというデータを、しっかり認識し、そうならないように、夫婦でサポートし合っていきましょう。

最後に、体力面ですが、赤ちゃんを安全に抱っこしたり、寝ている赤ちゃんを抱き上げたり、赤ちゃんの寝かしつけの時に、ユラユラ立ち続けたりなど色々な場面で体力を要することがあります。また、あるパパは、産後に、そのようなお世話を積極的にやっていたところ、腰痛が悪化して、逆に、赤ちゃんの抱っこなど全く関われなくなり、非常に後悔していました。

健康のメンテナンス、体力向上なども、早い段階から、パパとママで楽しみながらできれば、産後に向けた夫婦のパートナーシップ構築にも繋がると思います。

出産後の体制（退院〜産後3カ月くらい）

〝妊娠中・出産前から〟パパママが「整える」ことの一つに、「**出産後の体制（退院〜産後3カ月くらい）**」も挙げられます。P79でも先述しましたが、赤ちゃんの授乳のリズム（2〜4時間おき）が生後3カ月頃から形成されると言われ、このリズムができてくると、赤ちゃんのいる暮らし・生活にも、少し慣れてくるパパママも多いと言われています。

産前産後において、ココロとカラダの変化や疲弊の多いママの近くに、パパがいたらとても心強く、心身ともに安定しますし、特にこの授乳のリズムが形成される生後3カ月までは、できれば育休（P60）をパパが取得する、または、パパ自身の働き方（P136参照）を見直すことをしていきましょう。

女性の産後うつの発症のリスク（P64）も念頭に置きながら、**退院後の長期の育休取得や働き方改革**は、妊娠中から検討・実行することが大切です。

里帰り出産をし、退院後に、実家でしばらく過ごすママもいると思います。妊娠中・出産前から、実家周辺の病院や産後のケア施設、赤ちゃんグッズを販売しているお店、赤ちゃんと一緒に行ける行政の子育て施設など、パパとリサーチをすることなどやることは多々あります。

また、ママの実家が〝遠方〟な場合、その際の里帰り出産で、パパとママで、しっかりケア・サポートし合うことが大切です。それは、「パパの実動力」です。里帰り出産が遠方で、時間的にも距離的にも、パパが毎日通えないときに、パパがどのように産後のママや赤ちゃんにパパが関われるかが重要で、〝妊娠中・出産前〟から、このことは話し合いをしておきましょう。

里帰り出産の時、ママの方が、赤ちゃんと接する機会・時間は圧倒的に長いので当たり前ですが、ママの育児レベルはどんどん上がります。赤ちゃんのオムツ替え、着替え、沐浴（体を洗う、タオル拭き、保湿など）、ミルク作り、寝かしつけ、ゲップ補助、抱っこなど、対応する回数が多いので、スピードも比例していきます。圧倒的なママの実動、そのママが里帰りを終え、わが家に帰ってきます。一緒の生活が始まったとき、ママとの実動の差はありますが、いかにパパが、想い・愛を持って、ママと赤ちゃんのために行動できるかが、大切です。

あるパパは、里帰り出産を終えて戻ってきたママに、寝かしつけのお願いを受け、何度も何度もやっても、なかなか寝てくれないので、その度に毎回、ママに赤ちゃんを戻し、ママが赤ちゃんを寝かしつけていました。でも、それがあまりにも続いてしまったので、さすがのママもパパには呆れて、イライラを伝え、重たい空気が夫婦間に充満してしまったということです。

この〝赤ちゃんの寝かしつけ〟は、「産後、パパに一番してほしいと思ったことランキング（P38～P41参照）」でも上位にくるもので、里帰り出産を終えたママに対し、実動が足りていないパパは是非、実践に移してほしいです。

また、あるパパは、里帰り出産で実家（ママ側）にいるママと、仕事を終えて家に帰宅してから、電話やビデオ通話をする時間を必ず設けて、ママとのコミュニケーションを取るようにしていました。赤ちゃんの話、ママの心身の話、入院中の話、時には他愛もない話などで、共感したり、傾聴したり、ママとの時間を大切にしていました。実動の差はあったけど、ママと毎日、コミュニケーションを取っていたことで、里帰り出産を終えて戻ってきたママと話し合いながら楽しく差を共有し、差を縮小できたと、そのパパは言っています。

P34～P37でも先述しましたが、家族の一体感、子育てへの共感、実際の育児や家事などは大切ですが、**お互いに対する「言葉がけや気遣い」**が、夫婦関係にはとても大切です。特に、里帰り出産で、お互い、会えない時間が長い時は、より一層、**「言葉がけや気遣い」**が大切になってくるのではないかと思います。

先輩パパテクニック

東京－大阪の往復で増す
家族愛♡

小川　健大朗さん

「赤ちゃんを初めに（パパに）抱かせてあげたい」。東京での長男の立ち合い出産時に妻から言われた一言で、パパスイッチが強烈にオン!! 3年後、第2子を授かり妻の実家がある大阪で里帰り出産を決めました。

里帰り中は週に1回、金曜日の夕方に新幹線で家族に会いに行くのが最大の楽しみでした。家族と再会して一緒に過ごせる時間は短かったですが、鍋料理を食べ、近くの公園で子どもと遊ぶのが何よりの楽しみでした。

出産のタイミングは私が東京にいる時で、朝起きたら妻と娘の写真が届きとても驚きました。出産後も大阪に頻繁に行き、沐浴や寝かしつけを行い、家族が増えた喜びに浸りました。

働き方と手続き

働き方の見直し

独身の頃や妊娠前までは自分の働く時間についてどれほど気にしていましたか? 一昔前は定時前には出社し、定時を過ぎて終電近くに退社する、これが当たり前の方も多かったのではないでしょうか。夫婦共働きでお互いの帰宅が遅ければなおさらでしょう。ワーク・ライフ・バランスなんてなんのその、仕事に集中する時期も大切だと思います。ですがパートナーが妊娠したらどうでしょう?前述のような働き方で全てがうまくいくでしょうか? 妊娠・出産は大きなターニングポイントになります。以下について考えてみましょう。

・定時退社に向けて心がけたいこと

なぜ定時退社が必要なのかはここまで本書を読んでいただいて理解いただけたと思います。例えば始業時から深夜まで11時間かけていた業務を8時間で納めないと定時退社はできません。どうすれば3時間も短縮できるのか? これが働き方改革。でも一人ではできないことが多いので上司に相談する、チーム、仲間にもパートナーの妊娠を伝え理解してもらう。その上で具体的な業務改善を行うのが理想的です。自分自身の〝仕事のやり方〟を変えるとてもよいきっかけになるでしょう。

・業務を見直すために

〝おたがいさま〟という言葉がとても大切です。仕事はチームで行うことが多いわけですが、例えば子育て、介護、病気などがあると仕事にたくさん時間を費やすことができなくなりますよね。そんなとき皆さんはどうしていますか?

例えば野球、サッカー、バスケットボール、ラグビーなどを例にチームを見てみてください。常時同じメンバーが交代なく試合をしているでしょうか? 野球を例にとってみても昭和の時代と比べ分業制が確立しています。みなさんの会社、チームではいかがでしょうか? 分業されていますか?

誰かにアクシデントが発生した際にカバーできているでしょうか。ここの基礎にあるのが〝おたがいさま〟という感謝の気持ち、コミュニケーションの原点です。これがあったうえで誰かの穴を埋めるために互いにカバーし合う。これが業務改善の出発点。「周りに迷惑をかけるから休めない」「私がいなければこの仕事が進まない」では組織は回りません。みなさんが定時退社しても平常運転できるチームでいられるように信頼し合えるチームを常に意識して、仕事に取り組んでみましょう。

そして「パートナーが妊娠したので定時退社をしたい」「家族のために時間を作りたいので働き方を変えたい」と自分から上司に相談しましょう。自分からアプローチすることでチームの皆もきっとサポートしてくれるでしょう!

・時短勤務という制度

次に様々な働き方を検討してみましょう。一般的に正社員は1日8時間労働で週40時間までという認識を持っている方が多いと思います。現在はその他にも様々な働き方、雇用の方法があるのをご存じでしょうか?

新型コロナウイルス感染症の影響でリモートワークは定着しつつあると思いますが、その他にもいろいろな働き方があります。

例えば短時間正社員制度は平成22年「仕事

国・民間企業が勧めるこんな働き方

①短時間正社員

短い労働時間でも正社員として雇用契約を結ぶ制度。職種にもよるが8時間の勤務量を業務改善を行うことで短時間で勤務できるように企業、チームによる工夫が必要。週30時間勤務のケースが多くみられる。

②勤務地限定正社員

特定の勤務地や地域で働く社員。家族との時間を増やすために転勤や遠距離通勤をなくし地域に根差した社員を雇用。営業職ではお客様との繋がりが深くなり営業成績が向上したという好事例も。

③在宅テレワーク制度

勤務時間の何割かもしくは全ての時間を自宅など会社以外でリモートワークする制度。在宅時間を増やすことで家族との時間や一人の時間を増やしモチベーション向上にも繋げる。

と生活の調和推進のための行動指針（仕事と生活の調和推進官民トップ会議）」にて導入事業所数の数値目標が掲げられています。定時退社し、さらに家族、パートナーとの時間を大切にするためにこのような働き方にチャレンジしてみるのはいかがでしょうか？

・育児休業を取得しよう

いよいよ赤ちゃんが生まれたら、前述の通り産前産後のパートナーのケアがとても大切です。家族にとってこの大切な時間を一緒に過ごすために育児休業を取得しましょう。令和4年10月1日から育児・介護休業法が改正されました。この改正によりいわゆる産後パパ育休（出生時育児休業）制度が創設され男性の育児休業取得が推進されました（P61）。

実際に手取り給与が少なくなるから取得したくないなどネガティブな意見もありますが、6カ月間は実質約8割の給付がありますし、給与と一生の家族の絆を天秤にかけることはできないと考えるパパは多いです。定時退社、働き方の見直しをして、大切な期間を家族と一緒に過ごすことを実践しましょう。多くのことを学び、家族の絆が深まり、そして自身の成長にも大きく役に立つ、人生にとってとても大切な時期です。

手続きの準備

さて赤ちゃんが生まれたらいろいろと手続きをしなければなりません。役所や会社での手続きが大変だと思い後回しにするのはやめましょう。これらの手続きを踏むことは社会保障の仕組みを知るいいきっかけかもしれません。わからなければ自治体や勤務先の担当者に確認しながら進めましょう。

(1)役所での手続き：出生届、児童手当など

まず最初に行うのが出生届の提出(出産日を含め14日以内)。名前が決まったら役所・窓口に提出。どんな子に育つのかな？などと想像しながらワクワクドキドキの瞬間です！ その後はマイナンバーの申請、後述の健康保険証が届き次第、乳幼児医療費助成(1カ月健診までに)、児童手当などの申請があります。自治体によってはお祝い金などもあるので調べてみましょう。

(2)勤務先での手続き

役所で行う主な手続き一覧

内容	提出期限	提出先
出生届	出産日を含め 14 日以内	市区町村の役所
児童手当	出産翌日から 15 日以内	市区町村の役所
乳幼児医療費助成（対象年齢は各自治体により異なる）	各自治体により異なる	各自治体の担当窓口

出産手当金・健康保険加入（健康保険組合）、育児休業給付金（ハローワーク）などは、役所の次に勤務先に届け出る必要がある主な手続きです。勤務先によっては人事労務担当者が行う場合、社会保険労務士に委託している場合、個人で手続きをする場合などさまざまです。手続きにより提出先が異なるので注意が必要です。

●健康保険への加入は自身が加入してる健康保険組合に「健康保険被扶養者異動届」を提出します。この時あなたの扶養に入るのかパートナーの扶養に入るのかは相談してください（健康保険の扶養とは、年収がない、あるいは少ない家族に対し、社会保険への加入義務を課さずに被扶養者として扱う制度のこと）。

●出産手当金の支給対象は出産のため休業して給与のない女性です。雇用形態や受給条件などがあるのでパートナーの勤務先への確認が必要です。

●育児休業給付金の申請は、パートナーが働いている場合、パートナーの勤務先にも確認をしてください。産後パ

勤務先で行う主な手続き一覧

内容	提出時期	提出先
健康保険の加入	出生後すみやかに	勤務先もしくは 各健康保険の担当窓口
出産手当金	産休８週間経過後 （健康保険組合により異なる場合あり）	パートナーの勤務先
育児休業給付金	育児休業開始日から４カ月を 経過する日の月の末日まで	勤務先
出生時育児休業給付金（産後パパ育休）	子の出生日から８週間を経過する日の翌日から申請可能 （取得期間により異なる場合あり）	勤務先

参考：全国健康保険協会HP

パ育休を取得する場合は勤務先により様々な制度があるので合わせて確認しましょう。

(3)各自で行う手続き

下記に記した手続きはケースバイケースなので、必要に応じて個人で手続することが必要です。

●出産育児一時金は健康保険組合から出産費用に相当する額が支払われるもので、病院や勤務先、市区町村の窓口で手続きすることがほとんどです。出産する前に病院、もしくは助産院に相談してください。

●高額療養費は、帝王切開など保険対象となる場合に適用されますのでこちらも病院に相談しましょう。

いろいろな手続きがありますが、子どもが生まれ育っていくために必要不可欠なものです。全て自分自身で行わなくても大丈夫なので各窓口に相談しながらひとつひとつ手続きしていきましょう。

各自で行う主な手続き一覧

内容	提出期限	提出先
出産育児一時金	出産日翌日～2 年以内	病院または勤務先、市区町村窓口のいずれか
高額療養費	診察日の翌月1日～ 2 年の間（健康保険組合により異なる場合あり）	病院または勤務先、市区町村窓口のいずれか

第5章

新米パパの子育てホンネトーク
～先輩パパも悩みながらも進んできた！～

第5章 ① パートナーへの悩み系のホンネ

Q 子育てと仕事の両立で実は悩んでいます

A 前章4-7で働き方の見直しについて触れていますが、自分が積極的に子育てに関わっていることを職場の上司や仲間に認知してもらうことが大切です。例えばあるパパは社会人になったころ趣味の吹奏楽を続けるため、仕事が終わってから練習があるので毎週金曜日は楽器をもって出社しました。そのため上司やチームのみんなは早く帰してくれるようサポートしてくれました。子育ても同じです。自分から子どものことや家族のことで悩んでいることを積極的に周りに相談する、これがスタートです。子育てと仕事の両立で悩んでいない人はいません。周りのサポートがなければ両立はできません。

Q パートナーに本音を言えないで悩んでいます

A 夫婦で話し合うことは大切、とは言ってもやはり言えないことってあると思います。でも言わないで後悔し後からネガティブな結果になるのであれば言葉にして夫婦ですり合わせることがベストな解決に繋がるのでは？ あるパパはパートナーに言えないことはたくさんありましたが、すり合わせをしなかったためベストな結果にならないことがたくさんありました。

一人で悩んでも解決はしません。パートナーに直接伝えられなければ第三者に相談してもいいでしょう。二人の想いを共有することで家族がみなハッピーに過ごせるのではないでしょうか。

Q パートナーとのコミュニケーションで悩んでいます

A パートナーシップを強くするためには『べき』の擦り合わせが必要です。人はみな異なる価値観、理想、願望、常識、そして普通という感覚を持っています。これらを『べき』と呼ぶことが多いでしょう。こうした譲れない考えを共有できなかったり、すれ違ってしまうことがイライラやストレスに繋がります。特に身近な人ほどイライラは強くなります。そうならないためにお互いの『べき』を伝えあい、どこかに解決ポイントを見つけましょう。ここまでは許せる、ここからは許せないということを互いに共有できればコミュニケーションで悩むことは少なくなると思います。

パートナーへのポジティブ系のホンネ

Q パートナーへの感謝を伝えにくい

A 「愛してるよ」はさすがに恥ずかしいけど「いつもありがとう」は伝えられますよね。パートナーの育児や家事の姿を見ていると感じているはずです。ぜひ言葉にしてみましょう。パートナーシップがより深まることをお約束します。ちなみにあるパパはパートナーに毎日好きな飲み物を買ってきて夕食時に渡してました。「ありがとう」の言葉とともに。

Q 夫婦の時間が取れない

A 二人でやりたいことってありますか？ 旅行、ショッピング、映画、ドライブ、ゲーム、録画しているドラマを一緒に観る、などなどいろいろ考えられると思います。時には二人だけの時間が必要です。お子さんが寝ている時など普段から二人であれをやりたい、これをやりたいと共有しておくことをおススメします。

Q 一人の時間を取りたいけれど？

A 二人だけの時間ももちろんですが一人の時間も大切。自分のための時間も作って趣味や様々な活動にあてましょう。リフレッシュできるとパートナーへの感謝や子育て、家事にモチベーションが上がりますよ。気をつけたいのはパートナーも一人の時間が必要だということ。美容室、友だちとのランチなどきっとやりたいことがあるはず。これも普段の会話の中で共有しておくことが大切です。

子どもとの遊び方

子どもと二人きりになった時、何をしたらいいか

「子どもと二人きりになると、何をして遊んだらいいか悩んでしまう」というパパたちの声を聞くことがあります。遊びって何も難しいことはなく、子どもが今何に興味をもっているのか、住まいの近くに何があるか（公園や公共施設など）、その時期しかできないことはないか（水遊び、アウトドア、運動、雪遊びなどなど）調べてみましょう。周りを見てみれば遊び場は意外とどこにでもあります。まずはお子さんがその時に何に興味があるのか普段からよく観察してみましょう。

成長に合わせてどんな遊びをする？

・乳児期

子どもの成長にもよい影響を及ぼす「絵本の読み聞かせ」から始めてみましょう。購入してもいいですし、図書館から毎週数冊ずつ借りるという方法もあります。

天気のいい日はベビーカーに乗せて、近くの公園への散歩もおすすめです。赤ちゃんはまだ話ができませんから、パパからからたくさん話しかけましょう。

・幼児期

体も活発に動けるようになるので近所の公園だけではなく、少し離れた公園や自転車に乗せてお出かけもおすすめです。自転車に乗せる場合はヘルメット着用を忘れずに。適度にトイレ休憩を挟みながらドライブに行くのもいいですね。車内では童謡、わらべ歌など子ども向けの歌を歌うのがおススメ。体力もついてきて行動範囲が広くなり遊び方も変わってきます。

・保育園・幼稚園など年少児以上

パパが多趣味な場合は、たくさんの趣味に付き合ってもらうのもいいでしょう。デイキャンプ、鉄道旅行、温泉巡り、時には楽器練習なども楽しいです。好奇心旺盛な時期なのでいろいろな場所でいろいろな経験をすることが発達にも好影響を与えます。子どもがいて趣味の時間が取れないと嘆く前に、子どもと一緒に趣味を楽しんでみてはいかがでしょう。子どもそっちのけで、パパだけが楽しまないように気を付けましょう(苦笑)。

在宅勤務時の過ごし方

新型コロナウイルス感染症の流行（いわゆるコロナ禍）でリモートワークが急速に広まりました。この〝在宅勤務〟という働き方について考えてみましょう。

まずはどういうメリットがあるでしょう。一番は家族と一緒に過ごす時間が増えること。通勤時間もいらないし、通勤電車や交通渋滞の精神的なイライラ（ストレス）もなくなるし、自分の時間軸で仕事ができるでしょう。朝ごはんの片づけをしてお子さんを保育園へ送り、自宅に帰ってちょっとコーヒーでも飲んで音楽でもかけながら仕事開始。イメージしただけでもステキじゃないですか？　野村総合研究所が行った「新型コロナウイルス感染症拡大に伴う在宅勤務等に関する調査（2020年5月）」によると時間の有効活用、精神的・肉体的な疲労の軽減、人間関係のストレス軽減、一人で集中して仕事に取り組めるので効率が上がった、成果を意識して仕事できるようになった、などの意見が多く聞かれました。

一方のデメリットについてです。特に子育て世代に限るとこのような意見もあります。仕事と家庭の時間（家事や育児）の切り分けが上手にできず効率が落ちた、オンライン会議中に子どもが部屋に入ってきた、子どもがそばにいると仕事に集中できなかった、などなど。同じような環境であっても人によってメリットにもデメリットにも感じているのが〝在宅勤務〟です。

あるパパの在宅勤務の過ごし方をお伝えしましょう。起業したてでまだ事務所などを借りておらず自宅で仕事をしていた時の話だそうです。

そのパパが優先したのは家族の時間でした。なぜなら家族との時間が一番落ち着くからです。何時から何時までを仕事の時間にするとは決めず、朝ごはん、歯磨き、幼稚園バスが迎えに来る時に見送り、洗濯物を干し掃除機をかけ少しゆっくりしてからパソコンに向かう。集中力が持つ時間を一つの単位として区切ります。時々パソコンから離れて家事をやり、子どもが帰ってきたら一緒に遊びながらできる仕事に切り替えました。なので子どもに邪魔をされるという印象は全くなかったそうです。

たとえば、出社勤務の時間を8時30分から18時までとしましょう。同じ時間帯に在宅で仕事をしようとするから無理が出るのです。保育園やこども園、幼稚園にお子さんを預けているのであればその時間帯に集中できますが、子どもたちが家にいるときはそれができません。当然ですよね。であれば隙間時間や子どもたちが寝てから仕事をするという方法もあるでしょう。

在宅勤務でデメリットを感じる方はちょっとした工夫で改善できることもあります。会社での勤務と同じことを自宅でやろうとしないこと。オンライン会議などの場合は事前に子どもやパートナーに理解してもらうこと。場合によってはシェアオフィスや個室ブースを利用する方法もあります。家族の協力と工夫であなただけの在宅勤務スタイルを実現してみましょう。

ここでは、ある２児のパパの晴れた日の、子どもたちとの休日の過ごし方を、時系列で簡単に紹介します。

6:00 起床（子どもたちと起床、休日の子どもたちは起床がなぜか早い！笑）／朝食まで、ゴロゴロしたり、絵本読んだり、オモチャで遊んだりなど

7:00 朝食（休日はホットプレートで、パンや卵、ベーコンを焼くパーティースタイルで楽しく♪）／何気ない会話（今日は何する？明日は何する？など）、触れ合いを大切にする

8:00 TV を少し見る（約 20 ～ 30 分）、その間に、歯磨きや着替えなど

8:30 天気が良いので、ベランダで遊ぼう（シャボン玉、キックバイク、バードウォッチング、ホウキでお掃除ごっこなど）

9:00 飽きたら部屋に移動／折り紙、かくれんぼ、オママゴト、お医者さんごっこ、スーパーボールの跳ね返り遊び、歌を唄う、ミニカー、クッションからジャンプ（飛ぶ所に、もちろんクッションを敷く）など

9:30 家族で、近所のスーパーへ買い物（大体１週間分の買い出しをする時も）／途中、踏切で電車の通過を見たり、鳩を見たりしながら、スーパーへ

9:45 スーパーで子どもの〝リアル買い物体験〟／カートを押して、食品を探したり、お金の使用方法を見せる、好きなお菓子1個買って良い作戦など、楽しく買い物をする♪

10:30 買い物の後、近所の公園へ／お日様の元、カラダを動かしながら、遊具で遊んだり、土手、階段の昇り降りをサポートしたり、鳩を追いかけたりなど、安全第一で自由に遊ぶ

11:30 家に戻り、ランチ支度（野菜、お肉を入れたチャーハンは手っ取り早く、子どもからは美味しいと評判）／調理中、子どもは TV を少し見る（約 20 ～ 30 分）

12:00ごろ 「いただきます!」♪♪／ AM にいっぱい遊んでいるので、モグモグ食べてくれる♪

12:30 下の子（2歳の boy）がお昼寝の時間なので寝室へ、パパの寝かしつけで就寝 zzz ／寝かしつけの間、上の子（5歳 girl ）はママとお喋り、色鉛筆やクレヨンでお絵描き etc　下の子がお昼寝の間は、ゆっくり上の子と向き合う（一人っ子になれる時間と言ったらオーバー？ 笑）保育園の話、食べ物の話、重いけど抱っこしてあげたりなど

14:30 下の子（2歳の boy）起床!!

15:00 子どものおやつタイム／バナナや魚肉ソーセージを食べ、お菓子（グミ、ラムネ、スナック菓子）など

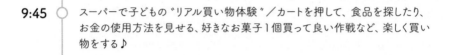

15:30	近所の公園に行って、午後の運動へ／キックバイク、キャッチボール、ボール投げ、シャボン玉など外遊びを満喫
17:00	帰宅し、子どもたちとお風呂へ（上の子は休日はお昼寝しない。したくないと言っている（笑）。でも、眠そうなので早めのお風呂へ）／お風呂で使える、消せる〝魔法のクレヨン〟が大活躍！ お絵描きが盛大に始まる！　浮き輪でプカプカ浮き、ペットボトル遊び、泡を使って、鏡ピカピカのお仕事など。入浴後は TV を見ながら、カラダ拭き、保湿クリーム塗り、ドライヤーで髪を乾かしたりなど
18:00	夕食の準備開始
18:30	「いただきます！」家族・皆で夕食♪♪
20:00ごろ	寝かしつけ開始、絵本の読み聞かせは毎日続けている／ひらがなが読めるようになってきてからは、1ページずつ読んで交代などの遊びも取り入れる
21:00以降	パパママ手分けしながら家事を（シンク掃除、お皿洗い、お風呂掃除、洗濯たたみなど）
22:00以降	夫婦のトークタイム♪（眠かったら、寝て良いゆる〜いトークタイム）
23:00前	ママ就寝
24:00過ぎ	パパ就寝

休日の過ごし方／雨の日バージョン☂

ここでは、ある2児のパパの雨の日の、子どもたちとの休日の過ごし方を、時系列で簡単に紹介します。

6:00 起床（子どもたちと起床、休日の子どもたちは起床がなぜか早い!）／朝食まで、ゴロゴロしたり、絵本読んだり、オモチャで遊んだりなど

7:00 朝食（休日はホットプレートで、パンや卵、ベーコンを焼くパーティースタイルで楽しく♪）／何気ない会話（今日は何する？ 明日は何する？ など）、触れ合いを大切にする

8:00 TVを少し見る（約20～30分）、その間に、歯磨きや着替えなど

8:30 雨なので部屋遊び／折り紙、かくれんぼ、オママゴト、お医者さんごっこ、クッションからジャンプ（飛んだ下にも、もちろんクッションを敷く）、スーパーボールの跳ね返り遊び、歌を唄う、ミニカー・鉄道玩具、テント遊び

9:30 雨なので、近所の子育て支援施設へ GO～／施設内の「こそだてひろば」にてオモチャでノビノビと遊ぶ、他の子とケンカにならないように、パパは目を配る

11:00	家に戻り、急いでランチの支度（野菜、お肉を入れたチャーハンは手っ取り早く、子どもからは美味しいと評判）／その間、子どもは TV を少し見る（約 20 ～ 30 分）
11:30 ごろ	「いただきます!」をして、昼食♪♪／ AMに遊んでいるので、モグモグ食べてくれる（笑）
12:00	下の子（2 歳の boy）がお昼寝の時間なので寝室へ、パパの寝かしつけで就寝 zzz ／寝かしつけの間、上の子（5歳 girl）はママとお喋り、色鉛筆やクレヨンでお絵描きなど　下の子がお昼寝の間は、ゆっくり上の子と向き合う（一人っ子になれる時間と言ったらオーバー?）保育園の話、食べ物の話、重いけど抱っこしてあげたりなど
14:00	下の子（2 歳の boy）起床!!
14:30	子どものオヤツタイム。でも、雨なのでオヤツ作りを♪／クッキー作り、クレープ作り、ホットケーキ作りなど。 手を動かし、会話しながら、子どもたちの時間を大切に
15:30	オヤツの完成品を食べ、家族で大満足♪♪／食後は部屋遊び! ベッドをトランポリンにしたり、マットレスで超簡易的な滑り台を作ったり、小さなスーツケースを乗り物代わりにしたりなど。 外遊びほどではないが、カラダを使った遊びを展開

16:30	子どもたちとお風呂へ（上の子は休日はお昼寝しない。したくないと言っている（笑）。でも、眠そうなので早めのお風呂へ）／お風呂で使える、消せる〝魔法のクレヨン〟が大活躍！ お絵描きが盛大に始まる！　浮き輪でプカプカ浮き、ペットボトル遊び、泡を使って、鏡ピカピカのお仕事など。 入浴後はTVを見ながら、カラダ拭き、保湿クリーム塗り、ドライヤーで髪を乾かしたりなど
17:30	夕食の準備開始
18:00	「いただきます!」家族・皆で夕食♪♪
19:30ごろ	寝かしつけ開始、絵本の読み聞かせは毎日続けている／ひらがなが読めるようになってきてからは、1ページずつ読んで交代などの遊びも取り入れる
21:00以降	パパママ手分けしながら家事を（シンク掃除、お皿洗い、お風呂掃除、洗濯たたみなど）
22:00以降	夫婦のトークタイム♪（眠かったら、寝て良いゆる～いトークタイム）
23:00前	ママ就寝
24:00過ぎ	パパ就寝

屋外編

お天気の日は外に出て体を使って思い切り遊ぼう！ 体を使った遊びは、パパの体幹も鍛えられます。車が通らない公園など、安全な広い場所で遊びましょう。

パパクライミング

子どもがパパによじ登る遊び。小さい子なら、パパが寝っ転がって、おなかの上に登ったり、大きくなったら立っているパパに登っていきます。登りやすいように膝を足場にするなどしましょう。

肩車で探険

ねんねから、抱っこ、そして自分で歩くようになった子どもの視界はどんどん変わっていきます。肩車で歩いてみましょう。子どもにとってパパの肩から見えるのは別の世界。木の枝にだって手が届いちゃう！

シャボン玉遊び

パパがシャボン玉をふいてあげると、子どもはシャボン玉を追いかけます。針金ハンガーなどを使うと大きなシャボン玉もできるので試してみましょう。

※シャボン玉液を子どもが飲まないように気を付けましょう。

背中にジャンプ

パパがしゃがんでいて、子どもが背中におんぶで抱きつく遊び。助走をつけて飛びつくのも面白い。パパは子どもの勢いで倒れないように、しっかり踏ん張って！

室内編

雨の日や出かけられない時にも、ちょっと体を使うような遊びをすると、気分転換にもなります。危なくないようにおもちゃを片付けた広めのスペースで楽しみましょう。

空き缶でボウリング

ジュースの空き缶を並べ、ボールを転がして倒してみましょう。ボールは新聞紙を丸めて作るのもおすすめ。空き缶には、お絵描きした紙を巻くのも素敵です。

レジ袋でポンポン

スーパーのレジ袋やビニール袋に空気を入れたら、ちょっといびつなボールになります。ポンポンと手のひらで打ち合うと楽しく遊べます。

※レジ袋は子どもがかぶらないように注意しましょう。

お菓子作り

小麦粉をこねたり、型を抜いたり、いろんな形を作ったり。パパとクッキーなど手作りしてみましょう。工作みたいで面白いし、食べておいしいよ♪

カレンダーの裏紙にお絵描き

画用紙にお絵描きするのも楽しいけれど、時には大きな絵も描きたいもの。いらないカレンダーや包装紙があったら、床に敷いて思いっきりお絵描きを楽しみましょう。それでもはみ出ちゃうのが心配なら、床にシートを敷いておきましょう。

先輩パパテクニック

雨は新しいコトの発見日

室井　達哉さん

「大人のイヤ」が「子どものスキ」なのかもと、娘を通して感じられるのが私の楽しみです。

雨だと外に出たくないのは「大人だけ」かもと思い、娘には全てが新しいコトなのかもしれないと初心に返ることにしています。傘にあたる雨の音、雨に打たれて濡れるコト、水たまりを避けるステップ。一つ一つが娘にとって「楽しい」なのかもしれません。

私の趣味(DIY)にも巻き込んでいます。「私が楽しい」ことを娘に見せるという形です。巻き込むといっても娘を背中に背負って作業したり、お昼寝中だけどカンカン音を立てて起きるかどうか、テストしています(笑)。なので私にとって休日の雨は娘の新しい面を発見できる日です。

第5章 4

保育園入園は家族のライフステージ！

復職に向け、パートナーと伴走しよう！

共働き世帯が多くなっている今、子どもの保育園入園を考えている家庭も多いでしょう。働いている＝「保育園」と考えがちですが、「幼稚園」も延長保育を行っていて夕方まで預かってくれる園もあり、また保育園と幼稚園の機能を併せ持つ「認定こども園」という選択もあります。また、企業主導型保育所という企業内で保育所を持っているところもあり、中には地域枠を設けているケースもあり、企業の従業員でなくても子どもを預けられる園もあります。

この園探しは主にママが担当しているケースが多いような気がしますが、パパも一緒に園探しをしたり、実際に見学に行くなどするようにしましょう。子どもが毎日通い生活する園ですから、ママだけの視点でなく、夫婦二人の視点で確認することも大切です。

まずは、地域にどのような園があるのかを探してみるといいでしょう。北欧などでは子どもが1歳になったタイミングで入園できるように自治体が調整しなくてはならないとされているところもあるようですが、日本の場合は定員の空きの関係で4月入園がほとんどです。妊娠中から園探しをすることもあり、パパの協力が欠かせません。

自治体のHPで情報を探したり、時間があればぜひ夫婦で保育園の担当課に話を聞きに行ってみるといいでしょう。

また育休（P60）についても検討することが大切です。ママとバトンタッチして育休を取得したり、ママの仕事復帰のタイミングや子どもの園生活のスタート時にパパが育休を取得するなど、さまざまな取得パターンがありますから、我が家はどのような体制で行くのかをぜひ相談しておきましょう。

ママの仕事復帰時にパパが育休を取得すると、ママは仕事に注力できますし、子どもも園生活が始まった時には慣らし保育（少しずつ保育時間をのばしていき、子どもがスムーズに園生活になじめるようにすること）があったり、集団生活で風邪を引きやすくなるなどのケースも少なくありません。このようなケースにも対応しやすいように、育休の取得パターンやママの仕事復帰のタイミングなど、夫婦でよく相談することが大切です。

家族のライフ&キャリアデザインシートを書いてみよう

子育てしているとつい目の前のことでいっぱいいっぱいになってしまいがちです。ぜひ落ち着いた時間を作って、夫婦の今後について話し合ってみましょう。

子どもが生まれるということで専業主婦になったママもいるかもしれませんが、「ママは専業主婦だから」という思い込みは禁物です。一旦仕事から離れているママでも、「働きたい」と思っているケースはかなりありますから、ママの考えや意向を聞き、パパの仕事のことも共有しながらプランを考えて紙に書き出してみることが大切です。

「ライフ&キャリアデザインシート」などと検索すると、いろいろな記入シートが出てくると思います。そのような表に直接書き込んだり、参考にしながら枠を作って、夫婦の年齢、子どもの年齢、子どもの入園や入学、夫婦それぞれの仕事の目標や、家族で行きたい旅行やイベントなども書き出してみます。

子どもはずっと赤ちゃんではなく、少しずつ成長していきますから、何年後にこれがやりたいと考えたときに、子どもは何歳で、自分たちは何歳ということがイメージできると、将来の家族のプランが具体的になってくることでしょう。

ライフ&キャリアデザインシート

	3年後	5年後	年後	年後
パパ	歳	歳	歳	歳
ママ	歳	歳	歳	歳
子ども	歳	歳	歳	歳
ライフイベント				
かなえたいこと				

ステージごとにスケジュールを見直していくこと

家族の形は、変わっていくものです。子どもの成長はもちろんありますが、もう1人子どもが生まれたり、親の介護や、家族のけがや病気などもあるでしょう。またキャリアにおいて転職などの可能性もあります。先に書きましたが、ママが専業主婦でも、働き始めるケースもあるでしょう。

家族のそれぞれの在り方が変わるごとに、夫婦で今とこれからの家族の将来を見直していくことが大切です。大きな未来図を描いたら、具体的な日常の中での分担やシェアなどについて落とし込んでいきましょう。

時には夫婦がぎくしゃくしたり、ママの不満が大きくなることがあります。それは家族の形が変わっているのに、「そのままどうにかなるだろう」と体制を変えず、それがママに大きくのしかかってくることも大きな要因の一つです。

夫婦でしっかり語り合う時間を取って、お互いの気持ちを尊重して否定せず、どのようにしていくのが我が家の一番いい体制なのかを考えていく。それがわが家の幸せな将来にもつながっていくことでしょう。

第6章

「子育ては期間限定」、パパ自身の人生を楽しもう!

パパの人生を楽しくする"パパ友とのネットワーク"

「地域」に関わる機会を増やそう

パパ友を「つくる」「つくらない」は個人の選択になりますが、パパ友がいると、心強い・頼もしい・楽しいなど良い側面もたくさんあります。まず、この〝パパ〟という言葉ですが、多くはお子さんができてから、言ったり言われたりするケースも多いのではないでしょうか。「お子さん、そしてママが、一人の男性を〝パパ〟にしてくれた」、このことは感謝すべき、素晴らしきことであり、そして、この〝パパだからこそ〟できることも、体験することも、多々あると思います。

その一つが「地域」です。パパになると、子どもを通じて、「地域」に携わる機会が、今までよりも格段に増えると思います。お住まいの自治体主催の両親学級、乳幼児健診、子育て支援施設、子育てイベント、近所の公園また、保育園の入園、幼稚園の入園など、〝地域への入り口〟となるものが多くあります。気構えすぎずに、〝地域〟を通じて「パパ友」ができるケースは多いと思いますし、パパ同士が繋がり、また、パパたちが起点となり、子ども達同士も繋がる、そして、ママ同士も繋がる楽しいケースもあります。

例えば、あるパパは、自治体が主催する「料理教室」に自ら積極的に参加していました。そこで、他のパパ（このパパはママが申し込んでくれて、当日参加してみたというスタンス）もいて、結果、パパ達が料理を通じて仲良くなり、その後、パパたちが主体となって、家族を巻き込んで、お花見やバーベキューなどを開催し、今では、家族ぐるみの付き合いをしています。

また、この集まりは、子どもたちが仲良くなるという一面もあるのですが、ただ仲良くなるだけでなく、地域が異なり、通園している保育園が違う子ども達同士が仲良くなっていくという側面もあります。小さい子どもたちが、特に未就学児で、保育園の異なる同世代で仲良くなる経験・機会は、〝パパ友同士だから〟作ることができると思います。

このように、「パパ友の繋がり」の効果は、子ども同士、ママ同士が楽しくなるということもありますが、パパ自身にとっても、仕事・子育て・家庭での、悩みや困りごと、気になること、他愛もないことを、パパ同士で話せて、リラックスできたり、楽しんだりすることもできます。「期間限定の子育て期」に、是非とも色々トライして、パパ自身の人生も楽しんでもらいたいです。

そして、❶家庭（first place）、❷職場（second place）、❸地域（third place）と、色々な〝場所〟で、「笑っているパパ」を楽しんでいきましょう。

子育てを通じて、パパ自身はどうなりたい？

「子育て」を通して自分の人生を考えてみる

「子育てを通じて、パパ自身はどうなりたいですか？」――このような質問に対し、育児・家事・仕事・パートナー・家族など、日々多くのことに対応している中、ゆっくり腰を据えて、「子育てを通じての自身の人生」を考える時間はありますか。P154で先述しましたが、「いまのお子さん、そしてママが、一人の男性を〝パパ〟にしてくれました」、このことは素晴らしいことであり、感謝することでもあります。なので時には、パパは「子育てを通じての自身の人生」を、考えても良いのではないかと思います。

子育てが落ち着いたある先輩パパは〝こう〟言っていました。「子育てを通じて、自分の人生を楽しく、ハッピーにしてきました」と。それは、子育てというのは、楽しい時や嬉しい時もあるし、また、大変な時やツライ時もあるけれど、子どもの成長を感じられるのは嬉しい、でも、「子育ては期間限定」で、いつかは終わりが来るので、この「期間限定の子育て」を通じて、家庭でも、職場でも、地域でも、色々な場所で、自分の人生を楽しく・ハッピーにしてきた、という意味でもあります。

また、ある先輩パパは『「"子"育ては"親"育て」でもありました』と言っていました。料理を全くしなかったパパが、子どもやママのために料理を学び、その後の自活力や生活力が向上したり、また、未就学児の時はあまり地域活動に参加しなかったパパが、子どもが通う小学校や中学校のPTA活動に参加して、地域のネットワークを拡げ、自分が住んでいる地域がさらに楽しくなったり…。子どもの成長と共に、「親」も成長させてもらっているという意味でもあります。

子育て真っ只中だと、日々多くのことに対応し、あっという間に一日が終わるケースも多いのではないでしょうか。この間、年が明けたと思ったら、もう秋が過ぎ、すぐ年末が迫っているなど時間の流れが、早く感じることはないでしょうか。なので、パパもたまには、子育てを少し俯瞰的に考えたり、「子育てを通じての自身の人生」を考えたりなどして、バージョンアップをするのも良いと思います。

もう一度、問います。「子育てを通じて、パパ自身はどうなりたいですか？」―是非、この章がパパの考えるキッカケ・一助になればと思います。

パートナーの希望や願望を話し合ってる?

思い合う、知り合う、伝え合う

第2章では、対話・共感・傾聴など、夫婦のパートナーシップについて特筆しましたが、ママの希望や願望のヒアリング・共有はとても大切です。また、P36～P37でも先述しましたが、夫婦関係がhappyになるコツの一つは「自分を知り、相手を知る」ことと言われています。パパが、パパ自身の希望・願望の把握も大事ですが、それと同時に、相手(ママ)の希望や願望を〝知る〟のも大事です。「ママにはママの人生」があるので、ママの希望・願望が成就するよう、パパとして、しっかりサポート・伴走をしていきましょう。

ある共働きの先輩パパの話です。その先輩パパは「フルタイム勤務」で、毎日働いていましたが、ママは、育休明けで「時短勤務」にしていました。でもママは、産休・育休に入る前は、パパと同じ「フルタイム勤務」だったのです。しばらくして、ママは、『なぜ「自分は時短勤務で、パパはフルタイム勤務」なんだろう? しっかり相談して、決めたわけでもなく、自然と決まってしまった感じはある…』と考えました。ママの気持ちを感じた、その先輩パパは、ママとしっかり対話し、ママの希望や願望を〝知る〟ことができ、かつ、ママに我慢や無理をさせてしまったことを反省しました。

そこから、パパも働き方を変えることで、二人とも「フルタイム勤務」かつ、無理せずに両立できる環境を、二人で、試行錯誤しながらも、楽しく整えていきました。このエピソードは、夫婦関係がhappyになるコツ――「自分を知り、相手を知る」ことを表しているケースだと思います。

「子育てや仕事を通じて、ママ自身はどうなりたいのだろう？」――育児・家事・仕事・家族など、パパ同様に、ママ自身も、日々多くのことに対応している中、ゆっくり「子育てや仕事を通じての自身の人生」を考える時間は、もしかしたら、少ないかもしれません。パパが自身の希望・願望を知るのも大切ですが、相手（ママ）の希望や願望を知ることも大切。そして、ママがママ自身の希望・願望を知るのも大切ですが、相手（パパ）の希望や願望を知るのも大切です。つまり、双方向で〝知り合う・伝え合う〟ことが、とても大切になってきます。

ママに聞いたり会話していますか。「子育てや仕事を通じて、ママ自身はどうなりたいのだろう？」ママの人生を考える・知る、パパのキッカケ・機会をつくりましょう。

第6章 4

子育てを終えた約20年後、パートナーとどうなっていたい？

パートナーと一緒にいる時間、どうありたいか

赤ちゃんが生まれ、20年の月日が流れると、子どもは20歳になっています。子どもが20歳くらいになっている時、つまり、子育てを終えている、もしくは、落ち着いているかもしれない時に、パパは何をしているでしょうか。パートナーとどうなっていたいでしょうか。

人生100年時代と言われている現在、「子育て」に携わる時間は、一体どのくらいでしょうか。20年くらいでしょうか。

ここで少し、パパも自分自身のことを思い出してみてください。小学生、中学生、高校生、大学生時代、そして、社会人と、成長のステージが上がる度に、親と一緒にいる時間は減ってきていたのではないでしょうか。また、お風呂に一緒に入る時間、布団で一緒に寝る時間、家で夕食を共にする回数、一緒に外食をする回数なども、成長するとともに、少なくなってきていたのではないでしょうか。皆さんにも「親離れ」の経験はあると思いますが、同じように、皆さんの子どもも、いつかはパパママのもとから巣立ち、自立をしていくことでしょう。嬉しいけれど、少し寂しいかもし

れません。でも、皆さん自身も、親元から巣立ち、自立をしていますよね。

「子育ては期間限定」、いつ終わりを迎えるか、いつ落ち着くようになるかは人それぞれですが、その**「子育て」を終えた後の人生、つまり、パートナーと一緒にいる時間**の方が長いのです。そのパートナーとの時間の中で、大変だったし、モヤモヤもしたし、でも楽しかった・嬉しかった「期間限定の子育て」の話を、思い出しながら、回想しながら、パパママで話し合う〝近い将来〟のシーンを想像してみてください。なんかほっこりするし、ほのぼのするし、楽しい感じもするし、また、そういうふうにするためにも、今している〝期間限定〟という付加価値のついた「子育て」を、楽しむことが大切だと思います。

子育て真っ只中のあるパパは、「子育て」が落ち着いた約20年後、パートナーと、世界遺産巡りをしたり、日本各地の美味しいもの巡りをしたいと、目標を持っていました。

この本を手に取って下さった皆さんは、子育てを終えた約20年後、パートナーとどうなっていたい、何をしたいですか？

本文中に掲載している図、表の備考

P11

共働き世帯数と片働き世帯数の推移（妻が64歳以下の世帯）

（備考）

1 昭和60（1985）年から平成13（2001）年までは総務庁「労働力調査特別調査」（各年2月）、平成14（2002）年以降は総務省「労働力調査（詳細集計）」より作成。「労働力調査特別調査」と「労働力調査（詳細集計）」とでは、調査方法、調査月等が相違することから、時系列比較には注意を要する。

2 「男性雇用者と無業の妻から成る世帯」とは、平成29（2017）年までは、夫が非農林業雇用者で、妻が非就業者（非労働力人口及び完全失業者）かつ妻が64歳以下世帯。平成30（2018）年以降は、就業状態の分類区分の変更に伴い、夫が非農林業雇用者で、妻が非就業者（非労働力人口及び失業者）かつ妻が64歳以下の世帯。

3 「雇用者の共働き世帯」とは、夫婦ともに非農林業雇用者（非正規の職員・従業員を含む）かつ妻が64歳以下の世帯。

4 平成22（2010）年及び23（2011）年の値（白抜き表示）は、岩手県、宮城県及び福島県を除く全国の結果。

5 労働力調査では令和4（2022）年1月分結果から算出の基礎となるベンチマーク人口を令和2（2020）年国勢調査結果を基準とする推計人口に切り替えた。当グラフでは、過去数値について新基準切り替え以前の既公表値を使用している。

出典：内閣府「男女共同参画白書 令和5年版」

P12

女性の理想ライフコース

（備考）

1 対象は18～34歳の未婚者。

2 国立社会保障・人口問題研究所「2021年社会保障・人口問題基本調査（結婚と出産）に関する全国調査」より、2005年から2021年のデータを抜粋。

P13

女性の年齢階級別正規雇用比率（令和4（2022）年）

（備考）

1 総務省「労働力調査（基本集計）」より作成。

2 就業率は、「就業者」／「15歳以上人口」×100。
正規雇用比率は、「正規の職員・従業員」／「15歳以上人口」×100。

出典：内閣府「男女共同参画白書 令和5年版」

P15

（備考）

1 OECD'Balancing paid work, unpaid work and leisure(2021)'より作成。

2 有償労働は、「paid work or study」に該当する生活時間、無償労働は「unpaid work」に該当する生活時間。

3 「有償労働」は、「有償労働（すべての仕事）」、「通勤・通学」、「授業や講義・学校での活動等」、「調査・宿題」、「求職活動」、「その他の有償労働・学業関連行動」の時間の合計。「無償労働」は、「日常の家事」、「買い物」、「世帯員のケア」、「非世帯員のケア」、「ボランティア活動」、「家事関連活動のための移動」、「その他の無償労働」の時間の合計。

4　日本は平成28(2016)年、韓国は平成26(2014)年、英国は平成26(2014)年、フランスは平成21(2009)年、米国は令和元(2019)年、ドイツは平成24(2012)年、ノルウェーは平成22(2010)年、スウェーデンは平成22(2010)年の数値。

P16

仕事のある日　1日のスケジュール例

(備考)

1　社会生活基本調査:統計法に基づく基幹統計『社会生活基本統計』を作成するための統計調査です。生活時間の配分や余暇時間における主な活動の状況など、国民の社会生活の実態を明らかにするための基礎資料を得ることを 目的としています。調査票 A は、就業状態、勤務形態、ふだんの 1 週間の就業時間などの項目があります。

2　本調査で、仕事関連時間が 7 時間以上〜12 時間未満の群は 1 次活動に 10 時間前後を費やしていた結果から、1 次活動時間を10 時間と設定しました。内訳は睡眠時間約 7.5 時間、身の回りの用事約 1 時間、食事約 1.5 時間です。

3　本調査で 12 時間以上の「仕事関連時間」を持つ群以外は、「休息・その他の時間」に 2 時間以上を費やしており、まずは「休息・その他の時間」をより短縮することとしました。その基準として、先行研究で、小学生以下の 子どもを持つ女性の自由時間が 2 時間 15 分であったこと、6カ月健診にきた母親の平日の「休息・その他の時間」 の平均が 113.5 分であったことから、最低限必要な休息時間を 2 時間と設定しました。

P19

生後1歳未満の子どもを育てる夫婦における、中程度以上のメンタルヘルスの不調のリスクありと判定された父・母・世帯の割合

(備考)

出典:国立成育医療研究センター「産後、同時期にメンタルヘルスの不調で苦しんでいる夫婦は年間約3万組!?〜母子だけでなく、父親も含め世帯単位での支援やアセスメントが必要〜」2022年8月プレスリリース

P39

産後、パパに一番してほしいと思ったこと(1つだけ選択式)

(備考)

NPO法人ファザーリング・ジャパン主催「ファザーリングスクール」の修了生のパパ達が、出産を経験したママ75名に「産後、パパにして欲しいこと」のアンケートを実施(2022年3月)。

P63

男性育休取得率の推移

(備考)

出典:厚生労働省「令和4年度雇用均等基本調査」

FJ会員執筆協力者

池田浩久／FJ副代表理事。横浜市在住の4児の父。育休3回取得。父親育児支援「パパライフサポート」代表。神奈川県を中心に全国で父親育児支援の講演・講座を年間約150回開催・運営、PTAや町内会役員など地域活動に積極的に携わる。

黒田高史／東京都在住。医薬品研究開発の会社員で5児のパパ。育児休業をのべ約3年半取得し子育てに専念した経験をもつ。父親として子育ての楽しさを社会により広めていきたいと考えセミナーなどにも携わっている。

佐野崇之／徳島市在住。製造業の会社員で3児のパパ。地元パパサークルで「歌と手遊びのお父さん」として徳島県内の子育てイベントに出演中。プレパパママ講座、男性育休講座の講演も行っている。

本田正博／秋田市在住。秋田市と横浜市にある保育園の事務長、ネット通販会社経営を兼務している4児のパパ。2010年秋田市でパパサークルを立ち上げ、パパの子育て、カジダン、男性育休推進講演なども行っている。

スペシャルサンクス：FJ会員、ファザーリング・スクール受講生のみなさま

パパの子育て応援BOOK

2024年5月21日　初版第1刷発行

著者　NPO法人ファザーリング・ジャパン
編集・執筆　野崎聡司・高祖常子
デザイン　小野哲郎（6B）
イラスト　北野有
協力　嘉生健一
編集　諸隈宏明

発行人　三芳寛要
発行元　株式会社 パイ インターナショナル
〒170-0005 東京都豊島区南大塚2-32-4
TEL 03-3944-3981　FAX 03-5395-4830
sales@pie.co.jp
印刷・製本　株式会社広済堂ネクスト

ISBN 978-4-7562-5853-3　C2077　Printed in Japan